2015 年广州市哲学社会科学“十二五”规划课题（项目批准号 15G59）

中药知识产权保护的经济学研究
——以广州市中药产业为例

陈和芳　著

哈爾濱工業大學出版社

内容简介

从经济学的角度对中药知识产权保护进行分析，可以从根本上解决是否需要对中药进行知识产权保护的问题以及在现实中具体需要什么样的知识产权保护的问题，这在中药知识产权保护的理论和实践上具有重大的意义。广州市中药产业的具体状况对于中国中药产业的发展具有典型意义，以广州市中药产业作为例证能对本书的中药知识产权的经济学研究起到很好的检验和证明作用。

本书主要适用于对中药知识产权保护有一定知识基础的学习者和研究者，对于相关政策的制定者也有相当的参考价值。

图书在版编目(CIP)数据

中药知识产权保护的经济学研究：以广州市中药产业为例/陈和芳著. —哈尔滨：哈尔滨工业大学出版社，2016.4
ISBN 978-7-5603-5942-7

Ⅰ.①中… Ⅱ.①陈… Ⅲ.①中药材-知识产权保护-研究-广州市 Ⅳ.①D923.404

中国版本图书馆CIP数据核字(2016)第078200号

策划编辑 杨秀华
责任编辑 郭 然
封面设计 刘长友
出版发行 哈尔滨工业大学出版社
社　　址 哈尔滨市南岗区复华四道街10号 邮编150006
传　　真 0451-86414749
网　　址 http://hitpress.hit.edu.cn
印　　刷 哈尔滨工业大学印刷厂
开　　本 787mm×960mm 1/16 印张9.75 字数182千字
版　　次 2016年4月第1版 2016年4月第1次印刷
书　　号 ISBN 978-7-5603-5942-7
定　　价 40.00元

前　　言

中药作为传统知识的主要组成部分，其世代传承的属性同现代知识产权体系尤其是专利保护要求的新颖性存在很大程度的不兼容。这种不兼容现象被很多学者所关注，并提出了种种解决方案。如针对中药的传统知识属性设置相应的特别权利制度，目前的中药品种保护制度即是这种建议的具体实践；或者对中药的专利申请在新颖性方面采取比较宽松的特别标准，这一建议在现有的中药专利申请新颖性标准方面也有具体体现。然而，事实证明，这些制度虽然对保护中药起到了一定的作用，但并没有从根本上解决其创新能力不足的问题。之所以出现这种情况，是因为上述解决方案仅仅将中药局限在传统知识这一属性上，而忽视了中药具有的另一个更重要的特点，即其作为现代产业中药组成部分的特点。因此，这些解决方案虽然部分解决了中药作为传统知识的知识产权保护问题，但却没有触及中药作为现代产业如何利用知识产权保护促进其发展的根本。

正是因为中药的传统知识和现代产业的双重属性，使其知识产权保护呈现出不同于普通产业的鲜明特征。这种双重属性使中药不仅受到为现代产业发展设计的现代知识产权体系的保护，如专利权、商标权的保护，而且又得到专门为传统知识保护设计的特别制度保护，如中药品种、非物质文化遗产保护。然而，这种保护的多样性并不意味着中药能得到比普通产业更好的知识产权保护。一方面，由于其传统知识属性，同现代知识产权保护体系存在天然的不兼容特征，尤其是专利权保护，由于其新颖性要素同中药的世代相传特征直接相悖，很难对中药提供足够的保护。另一方面，由于中药的现代产业属性，为了保证中药的市场竞争力，必须对其提供相应的知识产权保护。

实际上，知识产权作为一种随着时代的发展而纯粹由法律创设的非自然权利，其最初的目的即为了保证知识产权持有者的利益，从而促进经济增长和社会进步。经济学分析则是基于利益计算的一种研究方法，其同知识产权保护有着以利益为纽带的天然联系。从国民经济发展和中药自身的保护和发扬来讲，是否有必要对其进行知识产权保护和需要对其进行怎样的知识产权保护，从根本上来说仍然应当以利益为依归。因此，从经济学的角度对中药知识产权保护进行分析,可以从根本上解决是否需要对中药进行知识产权保护的问题以及在现实中具体需要什么样的知识产权保护的问题,这在中药知识产权保护的理论和实践上具有重大的意义。另外,广州市中药产业的具体状况对于中国中药产业的发展具有典型意义,以广州市中药产业作为例证能对本书的中药知识产权的经济学研究起到很好的检验和证明作用。本书即以此为出发点,对中药知识产权保护的几种主要形式,如专利权、中药品种、商标权、地理标志、商业秘密、非物质文化遗产保护等进行具体的经济学分析,分别指出其存在的经济学价值及具体存在的问题,据此提出相应的对策建议,并最后得出3个结论:首先,中药发展的前途在于其现代产业的属性,中药知识产权保护体系从长远发展来讲,应当以现代知识产权保护体系为主,而不是为中药特别设计的保护制度;其次,中药的传统知识属性对其作为现代产业的发展有着重要的经济意义;再次,应当充分注意促进创新的中药知识产权保护制度对中药品牌形象的提升作用。

本书的选题和构思得益于作者的硕士生导师严永和老师的引导,还有家人一直以来的无私奉献和支持,在这里一并表示真挚的感谢。

由于作者水平有限,书中难免存在疏漏和不妥之处,敬请读者批评指正。

陈和芳

2016年2月26日于广东培正学院

目　　录

第一章　引　　论

第一节　选题的理论和实践意义

作为一个有着几千年传统的历史悠久、疆域辽阔的大国，中国中药资源无论从数量还是质量上，都有着世界上其他国家难以企及的优势。在长期的历史演变中，中国逐渐形成了以汉族的中医理论为基础，以中药为主体、其他中药为辅助，种类众多、疗效显著的中药群体。除中药外，影响比较广泛的还有藏药、蒙药、壮药、苗药、维药等。

由于发展水平的限制，中国的医药产业面临着大多数现代产业相同的困境，即技术力量薄弱、创新投入不足。中国绝大部分现代西药均为西方制药公司专利到期的仿制药，新药数量极少。[①] 与之相反，在传统的中药领域，中国则具有天然优势。因此，更好地发展中国的中药行业，无论对更好地保障人民的生命健康，还是摆脱中国医药行业在技术上对西方的依赖，都有着不可忽视的重大战略意义。而知识产权保护的主要作用，是通过赋予知识产权持有者某种垄断性的权利，以保证其经济利益的实现，并使其在经济利益的驱动下持续不断地进行创新，从而最终促进社会的进步和发展。因此，对中药进行适当的知识产权保护，即能在一定程度上更好地促进中药的发展，保证这一战略意义的实现。

但是，中药属于传统知识的主要组成部分之一，而传统知识具有群体性、传承性等特点，同现代知识产权保护要求的主体的确定性和创新性有着本质的区

---

① 参见刘婵：制药企业的知识产权运用行为与政府政策分析，长春：东北财经大学2014年博士论文。

别,因此中药同现代知识产权保护体系存在着很多不兼容的地方。[①] 虽然由于知识产权保护对国民经济及中药本身的发展可能带来巨大利益,学界和国内的法律实践均在致力推行中药的知识产权保护,但对究竟应当采取怎样的知识产权保护制度才能最好地保证中药的发展依然存在争议,某些学者甚至认为根本就不应当对包括中药在内的传统知识进行相应的知识产权保护。[②]

实际上,知识产权作为一种随着时代的发展而纯粹由法律创设的非自然权利,其最初的目的即为了保证知识产权持有者的利益,从而促进经济增长和社会进步。而经济学分析则是基于利益计算的一种研究方法,其同知识产权保护有着以利益为纽带的天然联系。从国民经济发展和中药自身的保护和发扬来看,是否有必要对其进行知识产权保护和需要对其进行怎样的知识产权保护从根本上来说仍然是以利益为依归。因此,从经济学也就是利益计算的角度对中药知识产权保护进行分析,可以从根本上解决是否需要对中药进行知识产权保护的问题以及在现实中具体需要什么样的知识产权保护的问题,从而在知识产权保护的理论和实践上具有重大的意义。

第二节　中药知识产权保护的研究现状

因为中药属于中国特有的一种传统知识,因此国外对此几乎没有什么研究。而随着近年来包括中药在内的传统知识研究的兴起,国内关于中药知识产权保

---

① 某些学者认为包括中药在内的传统知识同现代知识产权保护体系存在4点障碍:第一,传统知识的集体性与知识产权的个人财产性间的差异;第二,传统知识的传承性与知识产权要求的创造性、新颖性之间的差异;第三,传统知识持有人的多样性与知识产权要求的权利主体的确定性之间的差异;第四,传统知识的世代性与知识产权的有限保护之间的差异。参见张冬:传统知识保护立法取向刍议——以中药国际化为例,知识产权,2011年第4期,第75-78页;以及CBD, Report on the role of intellectual property rights in access and benefit—sharing arrangements. AD HOC Open—ended Working Group on Access and Benefit Sharing, 1st Meeting, Agenda Item 5, P. 6-7, UNEP/CBD/WG - ABS/1/4, http://www.cbd.int/doc/meetings/abs/abswg-01/official/abswg-01-04-en.doc. 本书认为,其第一点和第三点差异可以归结为群体性和主体的确定性之间的差异,而第四点则不敢苟同。虽然传统知识具有世代相传的特性,但是基于后面的经济学分析,其是否应当实行无限期的保护是很值得商榷的。因此,两者实际上的差异应当主要存在于传统知识的群体性、传承性与知识产权保护的主体确定性和创新性或者新颖性之间的区别。

② 参见崔国斌:传统知识保护的困境,专利法研究,2002年年刊。

护的研究逐渐增多，但一般都是从法律分析的角度对其进行研究，从经济学分析的角度对其进行研究的为数很少，主要以分析现有中药知识产权保护的相关数据为主，而专门的从经济学的角度对中药知识产权保护的可行性以及具体保护方式进行详细分析的文章则完全没有。综合起来，对中药知识产权保护的研究主要分为两个方向：一个方向是从传统知识的角度分析中药知识产权保护；另一个方向则是从中药知识产权保护现状出发进行分析，以上所述的从经济学角度进行分析的几篇文章也属于此类。① 以下分别从这两方面对其研究现状进行详细介绍。

一、从传统知识的角度进行的研究

中药属于中国传统知识的主要组成部分，因此研究中国传统知识几乎都会或多或少涉及中药，而且因为传统知识同现代知识产权保护体系之间的差异，对传统知识的知识产权保护进行研究，必然会涉及这种保护的可行性。从传统知识的角度对中药进行的比较典型的研究成果如下所述。

中南民族大学严永和《论传统知识的知识产权保护》一书是从传统知识的角度对中药的知识产权保护进行详细的法律性分析的主要学术专著，该书不仅对包括中药在内的传统知识的知识产权保护进行了详细的分析，而且在第六章单独对中药的知识产权保护进行了专门的论述。不仅明确指出中药属于中国传统知识主要组成部分的属性，并对中药知识产权保护的现状和存在的问题从法律的角度进行了分析，并提出了相应的对策。其中专门提到如何解决中药和现代知识产权保护体系之间存在差异的问题，提出了在法律技术上将中药持有群体确定为知识产权保护的权利人并以持有人群体之外无人知悉作为新颖性标准的建议。②

哈尔滨工程大学张冬的《传统知识保护立法取向刍议——以中药国际化为例》一文，则在指出传统知识与现代知识产权保护体系之间存在不兼容问题的基础上，认为对传统知识进行权利保护实际上是对现有知识产权保护体系的一种扩充，因此可以认为由传统知识衍生的权利可以看作知识产权的一种特别权利，从而在建立对中药的特别权利保护的情况下，推进中药产业的国际化

① 这两个方向的分类也不是绝对的，一般来说，从传统知识的角度进行的研究也经常会涉及保护现状，而从保护现状出发的研究也有可能会讨论到其传统知识属性，这里仅从其主要出发点进行分类。

② 参见严永和：论传统知识的知识产权保护，北京：法律出版社，2006 年版。

进程。①

南京中医药大学的喻小勇等人在《中医药传统知识之经方法律保护刍议》一文中，从从属于传统知识的中药经方的分析出发，指出我国现行的知识产权保护体系不足以对属于传统知识的经方进行有效的保护，并试图通过明确中药经方的权利主体和客体以及建立经方传承人利益分析机制来解决其作为传统知识的一部分同现有知识产权保护体系之间存在的不兼容问题。②

二、从中药知识产权保护现状进行的研究

中药作为传统知识的一部分同现有知识产权保护体系之间存在的不兼容以及如何解决这种不兼容并不是其论述的重点。其重点是从现状出发，分析存在的问题并提出相关对策，这方面典型的研究成果如下所述。

科技部中国生物技术发展中心肖诗鹰等人的《中药知识产权保护》一书对中国现有知识产权保护体系进行了全面而详细的叙述，并据此提出了相应建议。该书首先介绍了同知识产权保护相关的基础知识以及现有知识产权保护体系的基本状况，紧接着对本书的主体中药知识产权保护进行了重点阐述，包括中药知识产权保护的现状、范围、形式、内容、策略及与中药知识产权保护有关的热点问题等。③

北京大学杜瑞芳在《现有中药知识产权保护体系的问题与对策》一文中，通过分析中药知识产权保护体系的现状，指出其产权保护体系的制度设置不合理，不能对中药的创新成果进行充分的保护，建议对现有的重要行政保护制度从划分职能入手进行改革，避免中药专利保护因此而淡化。④

中南大学的罗爱静等人在《基于加权求和法的我国中药知识产权现状分析》一文中，通过采集现有专利权、著作权、商标权、地理标志、中药品种保护、非物质文化遗产等方面的中药知识产权保护的数据入手，构建了一个由 6 个一级指标、13 个二级指标和 18 个三级指标构成的中药知识产权评价指标体系，并利用标准离差法确定各个评价指标的权重；然后收集我国 2004—2013 年 10 年间

---

① 参见张冬：传统知识保护立法取向刍议——以中药国际化为例，知识产权，2011 年第 4 期，第 75 - 78 页。

② 参见喻小勇，田侃，贺云龙等：中医药传统知识之经方法律保护刍议，世界中医药，2013 年第 4 期，第 382 - 385 页。

③ 参见肖诗鹰，刘铜华：中药知识产权保护（第二版），北京：中国医药科技出版社，2008 年版。

④ 参见杜瑞芳：现有中药知识产权保护体系的问题与对策，社会科学家，2003 年第 6 期，第 54 - 56，60 页。

的中药知识产权数据，采用加权求和的方法对 2004—2013 年我国中药知识产权现状进行分析，显示我国中药知识产权基本呈现出稳步增长趋势；最后从政府、企业、研究人员 3 个层面提出对策和建议。它是比较少有的利用经济学分析方法对中药知识产权保护现状进行研究的成果。[①]

第三节　基本概念和分析方法

一、基本概念

本章涉及的基本概念主要有中药、知识产权、知识产权保护和经济学研究，以下是这些基本概念的具体含义。

（一）中药

中药指在中医学理论指导下用于预防、诊断、治疗或调节人体机能的药物。中药按加工工艺分为中成药、中药材。中药主要起源于中国，除了植物药以外，动物药如蛇胆、熊胆、五步蛇、鹿茸、鹿角等，介壳类如珍珠、海蛤壳等，矿物类如龙骨、磁石等都是用来治病的中药。少数中药源于外国，如西洋参。中药的称谓有广义和狭义两种：广义上的中药包括中国各民族的传统药物，相关法律文件如下面提到的《中药品种保护条例》中的中药，均包括了藏药、蒙药、苗药等传统药物；狭义上的中药则仅指汉族的中药。本章在未特指时中药使用的是广义上的概念，包括中国各民族的传统药物，而作为藏药、蒙药、苗药等的同类概念时则使用的是狭义上的概念，仅指汉族的中药。中药是我国传统知识的主要组成部分，其并不由某一特定的个人或组织所掌握，并且一般是通过世代相传的方式而延续至今，因此具有持有主体的不确定性和传承性的特征。

（二）知识产权

知识产权也称智力成果权，是指人们对其智力劳动所获得成果拥有的财产权利。知识产权的产生是社会为智力成果的创造者以法律的形式创造的一种财产权，其目的是为了促进更多智力成果的产生，从而促使社会总体福利水平的提高。现有的知识产权体系主要包括专利权、著作权和商标权等，其一般具有主体

---

① 参见罗爱静，罗京亚，谢文照等：基于加权求和法的我国中药知识产权现状分析，中草药，2015 年第 9 期，第 1405－1409 页。

确定性和新颖性等特征，同中药持有者的群体性和传承性有着较大的差异。但是，从知识产权作为一种附着于智力成果之上的财产权利的根本属性，中药作为中华文明几千年来的主要智力成果之一，毫无疑问也应当拥有相应的智力成果权，即知识产权，其同传统知识产权之间的差异则可以作为其特殊性而存在。

(三)知识产权保护

知识产权保护是国家通过法律的形式保障知识产权拥有者相应的权利得以实现的手段。现有知识产权保护体系是以传统的知识产权为基础建立起来的，因为中药同传统知识产权存在的差异，必然导致现有知识产权保护体系对中药适用上的障碍。但是这种障碍归根结底是由现有知识产权保护体系造成的，因此在法律上对其进行相应的改造完全可以克服这种障碍。因此对中药是否需要实行知识产权保护的关键还是其是否能促进社会总体福利水平的增加。

(四)经济学研究

经济学研究是通过微观经济学理论进行分析，以效率或效用的最大化，或者是社会资源的有效率配置作为判断标准的一种研究方法。经济学研究的分析方法通过对利益相关方的计算，以效率为唯一的价值标准，经过收益成本之间的比较来确定最符合资源有效配置的法律模式和行为模式。[①] 经济学分析的理论前提是假设一般人都属于经济人。[②] 当然，这种假设有其片面性，正如行为经济学理论指出，由于信息不充分和人的心理惯性，人们的行为并不一定总是符合经济效用最大化的经济人标准。[③] 但毋庸置疑的是，这种假设能有效且符合实际情况地解释多数人的多数行为选择。另外，经济学分析采用了经济效用最大化的唯一评价标准，因此有效地摆脱了传统法学分析方法的评判标准混乱不堪的状况，克服了对某些案例的评价经常性地莫衷一是的困境。

---

① 参见钱弘道:经济学分析法学，北京:法律出版社，2003 年版，第 18 页。

② 即一般的人(或组织)在进行自己的行为模式选择的时候，都是理智的，并以经济效用最大化作为此种行为选择的最终标准。

③ 参见莫志宏，申良平:从理性人到行为人:评行为经济学对新古典正统理论的挑战，南方经济，2014 年第 7 期，第 73 - 87 页。

二、分析方法

(一)经济学的分析方法

在对中药知识产权保护进行经济学研究时,使用的分析方法主要有两种:一种是参照兰德斯在《知识产权法的经济结构》一文中使用的分析方法①,对相应的知识产权保护产生的各种成本和收益进行经济解构,通过两者的对比确定其是否合算;另外一种则是参照冯·诺伊曼和摩根斯顿提出的期望效用函数理论②,结合波斯纳在《法律的经济分析》一书中使用的线性分析方法,通过不同条件下成本和收益的动态变动寻找最佳的结合点。

1. 结构分析方法

这一分析方法是根据对中药实行知识产权保护后形成的经济结构,将其可能产生的收益和成本解构后逐项分析计算,然后将其分别加总,对比可能产生的总收益和总成本的大小,从而得出对中药实行知识产权保护从经济学的角度是否合算的结论,以最终确定是否需要对其实行知识产权保护。

具体的分析方法可以表示如下:用 NP 表示社会净福利,用 P 表示对中药实行知识产权保护带来的收益,用 C 表示对中药实行知识产权保护带来的成本,则 $NP = P - C > 0$,即社会净福利为正值时,知识产权保护才有意义。根据知识产权保护产生的具体经济影响,可以将其实行产生的各项收益分别表示为 P_1,P_2,P_3,…,P_n,则总收益 $P = P_1 + P_2 + P_3 + \cdots + P_n$,将其实行产生的各项成本分别表示为 C_1,C_2,C_3,…,C_n,则总成本 $C = C_1 + C_2 + C_3 + \cdots + C_n$。根据加总后得出的总收益 P 的大小和总成本 C 的大小,可以确定 NP 是否为正值,即实行知识产权保护是否能使社会净福利增加。从经济学的角度,只有能促使社会净福利增加的权利保护措施才具有经济上实行的必要。

2. 期望函数效用理论下的线性分析方法

期望函数效用理论的前提是经济学上的理性经济人的假设,即每个人决定自己行为的最终标准是依据其能否为自己带来最大的利益,即期望效用最大化。在这一假设的前提下,再结合经济学上的边际收益递减和边际成本递增的一般

① 参见兰德斯,波斯纳:知识产权法的经济结构,金海军译,北京:北京大学出版社,2005 年版。

② 期望效用函数理论是 20 世纪 50 年代,冯·诺伊曼和摩根斯顿(Von Neumann and Morgenstern)在公理化假设的基础上,运用逻辑和数学工具,建立的不确定条件下对理性人(rational actor)选择进行分析的框架。参见冯·诺伊曼,摩根斯顿:博弈论与经济行为,王文玉,王宇译,北京:生活·读书·新知三联书店,2004 年版。

原理,即能通过相应的逻辑和数学工具,分析在不同条件下达成期望效用最大化的条件,并将其用线性函数图形进行具体表示。在对中药知识产权保护进行分析时,可以根据其保护程度不同时边际收益和边际成本的变动,确定达到最大预期效用时的最佳保护程度。

(二)实证的分析方法

本书以广州市中药产业为例,通过相关数据的采集和具体情况的分析,使实践中知识产权保护对广州市中药产业形成的具体影响与经济学分析的理论上的结论相对照,通过实证的分析方法进一步确认中药知识产权保护经济学分析得出的结论的可靠性。

之所以选择广州市中药产业作为中药知识产权保护的经济学研究的例证,主要是因为广州市中药产业属于中国南方中药产业的龙头,在全国中药产业中占据非常重要的地位,具有一大批拥有相当规模的中药企业和在全国拥有非常高的知名度的中药品牌,其具体状况对于中国中药产业的发展具有典型意义。另外,因为本书作者在广州市居住多年,对广州的中药产业的现状和发展有着非常具体的感性认识。因此,以广州市中药产业作为例证能够对本书的中药知识产权的经济学研究的结论起着很好的检验和证明作用。

第四节　经济学分析相对于法律分析的优势

因为中药的传统知识属性,因此其同现代知识产权保护体系存在种种不兼容的现象。从法律之间必须协调统一的角度,在现有知识产权保护体系已经根深蒂固的情况下,要对中药施行知识产权保护,首先必须从法律上解决中药和现代知识产权保护体系之间存在的这种不兼容现象。因此目前对包括中药在内的传统知识的知识产权保护的研究,主要集中在对其进行法律可行性的分析之上。但是,对中药的知识产权保护进行法律分析却存在一系列难以克服的困难。

首先,法律分析解决不了兼容性的问题。包括中药在内的传统知识的群体性和传承性同现代知识产权保护体系要求的主体确定性和新颖性存在着根本的区别,因此无论在法律上进行怎样的技术调整,都无法使中药被真正纳入到现有的知识产权保护体系中。因此,大多数学者最后的折中做法是为包括中药在内的传统知识设计出一套量身定做的保护制度,而且对其是否应被称作知识产权保护持不确定的态度。同样因为这一原因,某些学者在经过详细的法理学上的理论分析以及法律制定和施行过程中的实践分析之后,认为对中药在内的传统知识施行知识产权保护实际上是某种不合时宜、不切实际的幻想。

其次，法律分析解决不了合理性问题。对包括中药在内的传统知识进行知识产权保护的法律分析，其力图解决的问题是包括中药在内的传统知识是否应该纳入到现有的知识产权保护体系，也就是解决其合法性的问题。因此，在很难将其纳入到现有知识产权保护法律体系的情况下，多数学者选择了另起炉灶，为其设计一套特别的保护制度，少数学者则在此基础上认为完全不能对其进行相应的保护。

经济学分析同法律分析完全不同，其衡量是否应当对中药进行知识产权保护的标准是实行这种保护是否能促进社会总体福利或者是总体利益的增加，从而直接绕开了法律分析必须首先考虑的包括中药在内的传统知识同现有知识产权保护体系的兼容性问题。因此，同法律分析相比，对中药知识产权保护进行经济学分析具有下列优势。

首先，经济学分析判断的标准是利益分析。经济学分析对包括中药在内的传统知识同现代知识产权保护体系之间的兼容性不感兴趣，而是直接从对中药进行知识产权保护的前提出发，分析对其进行相应的保护从经济利益的角度是否合算，以及怎样保护才最为合算。因此，对于经济学分析来说，包括中药在内的传统知识在法律上同现有知识产权保护体系是否兼容并不影响其是否应当得到知识产权保护，只是在具体操作时需要进行某些技术性的调整。

其次，经济学分析可以从根本上解决合理性问题。对于经济学分析来说，对包括中药在内的传统知识进行知识产权保护是否合理的标准是利益上是否合算，假如合算则其从经济学的角度就是合理，否则就是不合理。事实上，知识产权保护体系作为一种完全由法律创造出来的制度，其初衷就是为了促进社会总体福利或者说总体利益的增加，因此可以增加社会总体福利水平的中药知识产权保护完全符合知识产权保护体系的立法目的，其合理性是毋庸置疑的。

综上所述，对中药知识产权保护进行经济学分析，相对于法律分析具有非常明显的优势。其不仅直接绕过了包括中药在内的传统知识如何同现有知识产权保护体系兼容的难题，而且可以通过利益计算从根本上解决其合理性的问题。

本章小结

中药作为中国传承数千年的文明成果，在世界上具有天然优势。更好地发展中国的中药行业，无论对更好地保障人民的生命健康，还是摆脱中国医药行业在技术上对西方的依赖，都有着不可忽视的重大战略意义。而对中药进行适当的知识产权保护，则能在一定程度上更好地促进中药的发展，保证这一战略意义的实现。

但是，中药属于传统知识的主要组成部分之一，其具有的群体性、传承性等特点，同现代知识产权保护要求的主体的确定性和创新性有着本质的区别，因此中药同现代知识产权保护体系存在着很多不兼容的地方，造成了对其实行知识产权保护的障碍。目前学界对中药知识产权进行的研究，绝大多数均使用法律分析的方法，或者力图找到克服这一障碍的途径，或者从分析中药知识产权保护的现状出发寻找对其进行完善的可能。但是，法律分析方法并不能真正解决中药同现代知识产权保护体系之间存在的兼容性问题及中药知识产权保护的合理性问题，而经济学分析的方法则直接将利益作为判断标准，从而绕开了两者兼容性的争论，并从经济的角度彻底解决了中药知识产权保护的合理性问题。对中药知识产权保护的经济学研究，因为其将经济利益作为行为判断的根本标准，不仅能解决是否应当对中药实行知识产权保护的问题，而且还能进一步确定应当在多大程度上对其实行知识产权保护，从而在中药知识产权保护的理论和实践上均具有重要意义。而将广州市中药产业作为例证，则能进一步对经济学研究得出的相关结论进行验证。

第二章　中药知识产权保护的现状

相对于多数技术领域，中国尚处于追赶发达国家的弱势地位，中药是中国少有的具有优势地位的产业，2010年更是成为中国“十二五”规划的支柱新兴产业之一。因此，虽然学界依然存在是否需要对包括中药在内的传统知识实行知识产权保护的争议，在实践中，中国已经在中药知识产权保护方面采取了一系列有效的措施。另外在国际上，通过发展中国家的共同努力，包括中药在内的传统知识的权利保护也取得了一定的成果。

第一节　国内中药知识产权保护现状

国内中药知识产权保护主要通过一系列主要法律的实施而得以实现，而且其实施已经在一定程度上取得了促进国内中药产业的良好效果。

一、国内主要法律

在立法上，除了正常的专利、商标、商业秘密等现代知识产权保护外，中国还为中药专门量身定做了中药品种保护的特别权利的制度，专门为包括中药在内的传统知识保护而制定的非物质文化遗产保护制度，与中药知识产权保护有关的主要法律如下所述。

（一）《专利法》

中药同现代知识产权保护存在的不兼容现象，在专利权保护方面表现得最为突出。但是，专利权保护并不必然排斥中药。根据1984年制定，2008年修订施行的《专利法》，符合条件的中药发明可以授予专利权，发明专利权保护期限为20年。一般来说，作为传统知识主要组成部分的中药由于持有主体的群体性和传承性的特征，很难达到现有《专利法》对权利主体确定性和新颖性的要求，但《专利法》并不排除某些组织或个体在已有中药基础上所做出的符合其专利权要求的发明创造。因为《专利法》保护的严格性和普及性,以及基于已有中药基础上的发明创造对中药发展的重要性,现有《专利法》虽然很难对中药提供类似于普通行业的全面而恰当的保护,但仍是对中药实行知识产权保护的主要方式之一。

(二)《商标法》

商标的主要作用是区分商品和服务的来源,作为拥有悠久传承的中药,其深厚的历史积淀使其拥有众多的中药老字号和特定药物产地,因此《商标法》中设定的商标权对中药的保护有着特殊重要的作用。《商标法》对中药的权利保护主要体现在对同众多经营中药的老字号对应的家喻户晓的中药品牌构成的驰名商标的保护,以及对反映特定品质药物产地的地理标志的保护。总体上来讲,《商标法》对中药权利保护起到了良好的促进作用,但在某些方面和地理标志的保护还存在一定的不足。

(三)《反不正当竞争法》

《反不正当竞争法》涉及的知识产权保护主要是商标权、商号权、包装装潢设计权、商业秘密权等,其中和中药知识产权保护有关的主要是商标权和商业秘密权。商标权的相关规定同《商标法》基本一致,因此《反不正当竞争法》对中药知识产权保护的最大贡献是商业秘密权的创设。因为中药很多时候均以家传秘方的形式存在,因此《反不正当竞争法》商业秘密权的创设对中药的知识产权保护有着特别重要的意义。

(四)《中药品种保护条例》

另一种则是根据《中药品种保护条例》实施的中药品种保护。《中药品种保护条例》1993 年开始施行,属于行政保护措施。规定符合条件的中药,不需要满足现代专利的新颖性、创造性就可以取得年限不等的专门保护,国内学者将其称为中药品种保护权。[①] 申请获准的企业可以获得一定年限的生产独占权,并可以续期。《中药品种保护条例》同其他知识产权保护方式相比,更符合我国中药发展的现状,其已成为中药产业实行知识产权保护最重要的方式。但其存在弱化《专利法》,阻碍中药的创新。

---

① 参见严永和:论传统知识的知识产权保护,北京:法律出版社,2006 年版,第 256 - 261 页。

（五）《国家级非物质文化遗产保护与管理暂行办法》

《国家级非物质文化遗产保护与管理暂行办法》是文化部专门为保护传统知识而制定的法律措施。中药作为传统知识的主要组成部分，理所当然是这一法律的主要受益者。《国家级非物质文化遗产保护与管理暂行办法》分别对包括中药在内的非物质文化遗产的保护的主体、客体、认定程序、经费来源、违反后果等均进行了相应的规定，并分别于2006，2008，2010，2014年分4批公布了共1 517项国家级非物质文化遗产名录，其中很多中药项目被列入其中。

二、国内中药知识产权保护取得的成效

总体上来讲，以上知识产权保护方式在中药产业中均得到了广泛的应用。在专利保护方面，根据《世界专利数据库》的统计数据，中国中药专利的申请量已有10 943个，在世界中草药和植物药专利申请中排第一，占世界申请量的44.4%。[①]截止到2011年底，共有中药保护品种1 221个，其中初次申报品种311个，同品种108个，延长保护期802个。[②] 由于同一中药保护品种往往由多个企业同时生产，对于只有1 996个工业法人企业的医药行业来说，[③]这意味着中药品种保护已经覆盖了绝大部分中药生产企业，成为中药生产企业保护自身权利的主要方式，对于中药品种质量和技术水平的提高，提高相应中药生产企业的市场竞争能力以及避免低水平的重复建设方面，都发挥着重要的作用。另外，随着中药产业的发展，涌现出了一大批中药驰名商标，如“同仁堂”“王老吉”等品牌更是家喻户晓，极大地提高了相关企业的知名度，并对中药产业的高速成长起着日益重要的作用。而国家级非物质文化遗产名录的分批发布以及相关保护措施的落实，也使包括中药在内的传统知识的权利保护观念深入人心，为相关中药的继承和发扬提供了更好的平台。

中药知识产权保护对中药产业的促进作用，其最直接的表现是中药产业近年来的高速增长。据国家统计局数据显示，2005年我国实现中药工业总产值（现价）1 169.67亿元，占全国医药工业总产值（4 422.72亿元）的26.4%。而

---

① 参见全国药品网“中国中药专利的申请仅占百分之零点三”，http://www.3156.cn/news/201204/94338.shtml，2013年9月18日16:00。

② 参见国家食品药品监督管理总局2011年度统计年报，http://www.sda.gov.cn/WS01/CL0108/75333.html，2013年9月18日16:00。

③ 参见工业和信息化部“2012年医药行业工业企业快报排名”，http://www.miit.gov.cn/n11293472/n11293832/n11294132/n12858432/n12858688/15284712.html，2013年9月18日16:00。

2012年我国中药工业总产值已达5 156亿元，占医药产业规模的31.24%，与化学药、生物药呈现出三足鼎立之势。尤为引人关注的是，在世界经济复苏明显减速，国际市场需求持续低迷的局面下，中药对外贸易仍然保持较大增幅。2012年，我国中药进出口额为33.7亿美元，同比增加11%，其中出口25亿美元，同比增加7.2%。[①] 由此可见，在目前的制度条件下，我国的中药行业无论在整体规模还是在行业比例上，都取得了不错的成绩，而且在国际贸易上也取得了出口顺差的优势地位。

三、国内中药知识产权保护存在的主要问题

由于中药同现代知识产权保护体系之间的不兼容，除了商标权和商业秘密等对中药具有的传统知识属性不敏感的知识产权保护类型外，无论是专利保护还是中药品种保护，均存在很多不尽如人意的地方。

（一）专利制度存在的问题

专利制度作为促进创新的主要机制，对于中药的持续发展具有其他知识产权保护方式无可替代的优势。但是由于中药的传统知识属性，难以达到专利申请要求的新颖性和创造性。加上中国医药现代化水平同发达国家差距的客观存在，造成了目前大多数中药生产企业中药专利很少甚至没有，而且绝大多数只在国内申请，得不到国际保护，中药知识被他国无偿使用非常严重的局面。中国中药专利申请数量虽然已占世界的将近一半，但其中只有0.3%是在国际上申请的专利。而相比之下，国际上已有170家公司、40余个研究团体正从中药中寻找和试制新药。日本、韩国已经抢占国际中成药70%以上市场份额，而且已有10多个国家和地区的40多种天然药物在我国注册。在国际上300亿美元的中药市场中，中国只占5%，而且多是中药材；技术附加值高的中成药不仅出口量少，而且也难以获得专利保护，在国际贸易中面临被仿制的危险。这意味着我国基本上无偿放弃了中草药和植物药专利申请及其带来的巨大国际市场。[②]

（二）中药品种保护权存在的问题

中药品种保护具有行政保护的高效性，其法定保护条件也不像专利保护需要中药难以达成的新颖性，而且其保护年限也不低于专利制度的规定，因此成为

---

① 以上数据参见中国行业资讯网“2012年我国中药工业总产值已达5 156亿元”，http://www.china-consulting.cn/news/20130606/s88046.html，2013年9月3日9:53。

② 参见全国药品网“中国中药专利的申请仅占百分之零点三”，http://www.3156.cn/news/201204/94338.shtml，2013年9月18日16:00。

中药生产企业保护中药品种的主要方式。但是由于中药品种保护的根本目的并不是促进创新,其对中药的继承和发扬有着重大的现实意义,但其保护力度和促进中药可持续发展的创新能力远较专利保护弱,在中药生产企业逐渐对其形成依赖的情况下,可能会弱化专利保护促进创新的作用,从长远来讲不利于中药产业的发展。更重要的是,同专利保护得到世界各国广泛认可不同,中药品种保护制度是中国的国内制度,无法扩展到其他国家,具有相当大的局限性,在中药发展到现有规模从而急需国际化的形势下,这一局限性的存在必然对中药国际化造成相当的负面影响。

第二节　世界范围内中药知识产权保护现状

在世界范围内,由于中药难以达到发达国家主导的现代知识产权保护体系的要求,从而面临着更为严峻的局面。为了保护自己的正当权益,具有传统知识优势的国家为包括中药在内的传统知识的国际保护做出了一系列的努力。这些国家一般来说都属于发展中国家,因此受到主导国际秩序的发达国家的顽强阻击,但依然取得了一系列的成就。世界范围内和中药知识产权保护有关的制度主要包括以下几方面。

一、《生物多样性保护公约》

《生物多样性保护公约》(简称 CBD)[①],CBD 是目前国际上和中药保护有关的主要协议。CBD 第十五条确定了生物资源国家主权原则以及事先知情同意制度,第十九条规定了利益分享原则。CBD 在一定程度上遏制了国际上日益猖狂的无偿剽窃发展中国家包括中药在内的传统生物资源的"生物海盗"现象,并确立了传统知识保护的基本原则,即事先知情同意和利益分享制度。

① 《生物多样性保护公约》(Convention on Biological Diversity),是一项保护地球生物资源的国际性公约,于 1992 年 6 月 1 日由联合国环境规划署发起的政府间谈判委员会第七次会议在内罗毕通过,1992 年 6 月 5 日,由签约国在巴西里约热内卢举行的联合国环境与发展大会上签署。公约于 1993 年 12 月 29 日正式生效。截至 2004 年 2 月,该公约的签字国有 188 个。中国于 1992 年 6 月 11 日签署该公约,1992 年 11 月 7 日批准,1993 年 1 月 5 日交存加入书。

二、《与贸易有关的知识产权保护协议》

《与贸易有关的知识产权保护协议》(简称 TRIPS 协议)①,这是目前影响最大的国际知识产权保护协议,由于其制定为发达国家所主导,发展中国家对传统知识保护的要求没有受到重视,其中并没有关于传统知识保护的内容,无视传统知识不同于现代知识产权保护体系的特性,是在 CBD 基础上的倒退。其对成员国包括中药保护在内的传统知识保护不做任何要求,在一定程度上导致了"生物海盗"泛滥情况的出现。

三、《保护非物质文化遗产公约》②

此公约是包括中药在内的传统知识国际保护方面取得的重要的胜利。该公约通过对非物质文化遗产的界定,明确将包括中药在内的传统知识纳入非物质文化遗产的范围,公约通过规定缔约国有制定相关保护措施的义务,并通过建立基金的方式对缔约国的相关保护提供资金帮助。公约规定通过发布《人类非物质文化遗产代表作名录》和《急需保护的非物质文化遗产名录》的方式,对需要重点保护的人类非物质文化遗产提供相应的国际援助。

四、《保护传统知识:条款草案》

世界知识产权组织(World Intellectual Property Organization 简称 WIPO)的《保护传统知识:条款草案》,力图建立一个国际范围内的传统知识保护框架,将 CBD 取得的成果扩展到包括中药在内的整个传统知识保护层面,如上述的事先知情同意制度、利益分享制度等,并在此基础上创建某种对传统知识进行保护的特别权利制度,以使包括中药在内的传统知识保护制度得到国际上的广泛承认,而不是局限于发展中国家的国内保护。③

---

① 《与贸易有关的知识产权保护协议》(*Agreement on Trade-related Aspects of Intellectual Property Right*),是关贸总协定乌拉圭回合谈判的最后文件之一,也是目前唯一由世界贸易组织管辖的知识产权国际条约,1994 年于摩洛哥签署。TRIPS 协议是独立于 WIPO 的 20 多个知识产权国际条约的保护范围最广、保护水平最高、约束力最强的一部国际公约。

② 《保护非物质文化遗产公约》(*the Convention for the Safeguarding of Intangible Cultural Heritage*),于 2003 年 10 月 17 日,联合国教科文组织第 32 届大会通过,旨在保护以传统、口头表述、节庆礼仪、手工技能、音乐、舞蹈等为代表的非物质文化遗产。《保护非物质文化遗产公约》于 2006 年 4 月生效。这是人类历史上非物质文化遗产保护事业的重要里程碑。截至 2014 年底,已有 146 个国家加入,中国在 2004 年就加入了该公约。

③ 参见 WIPO:保护传统知识:条款草案,wipo_grtkf_ic_24_4。

综上所述，在国际上由于中药的传统知识的属性，很难得到现代知识产权体系的保护，因此其在世界范围内的保护程度不高。具有传统知识优势的国家在国际上力促世界范围内的传统知识保护框架的建立，而且通过 CBD 的达成取得了一定的成果，但是由于发达国家的阻扰，目前国际上最重要的知识产权保护国际公约 TRIPS 协议并没有将传统知识保护的内容纳入其中。2003 年通过的《保护非物质文化遗产公约》是包括中药在内的传统知识国际保护取得的重大成果，而目前 WIPO 也在做进一步的努力，力图建立某种世界认可的包括中药保护在内的传统知识产权保护框架体系。

第三节　广州市中药产业知识产权保护的现状

广州市中药产业有着悠久的传承，从隋代开始即有着中药生产的记载，至今已有 1 000 多年的历史。广州市现在已成为整个华南地区医药市场的中心，已有 40 多家中成药生产企业，其中很多都是享誉全国的知名企业。如白云山和黄中药、星群药业、奇星药业、中一药业，中华老字号潘高寿、陈李记、敬修堂、王老吉等。广州医药集团更是集中了广州市几乎所有的中药生产企业，成为中国最大的医药集团之一。鉴于广州市中药产业在全国的重要地位，广州市中药产业知识产业保护现状在相当程度上反映了国家此方面的现状。

广州医药集团有限公司（简称广药集团）是广州市政府授权经营管理国有资产的国有独资公司，主要从事中成药及植物药、化学原料药及制剂、生物药、大健康产品等的研发及制造、商贸物流配送以及医疗健康服务等业务，是广州市重点扶持发展的集科、工、贸于一体的大型企业集团。其中，中成药及植物药等中药的研发和制造是广药集团最具特色也最具有竞争优势的部分。广药集团旗下拥有“广州白云山医药集团股份有限公司”（香港 H 股、上海 A 股上市）1 家上市公司及成员企业近 30 家，经过多年的精心打造和加速发展，逐步形成了以白云山品牌推动的大南药、以王老吉品牌推动的大健康以及以广药品牌推动的大商业等独具广药特色的、以中药产品为核心的“非典型创新”运作模式。2014 年，广药集团完成工商销售收入达到 650 亿元，同比增长超过 18%，并位居 2014 中国企业 500 强第 219 位，连续 3 年荣登国家工信部“中国医药工业百强榜”第 1 名。此外，广药集团还被评为“中国十大最具成就企业”“全国医药企业文化建设示范单位”“2013 推动广东经济发展杰出企业”“广东省自主创新标杆企业”

"广东省优势传统产业转型升级示范企业""广东省医药行业杰出企业"。[①]

广药集团充分利用自己在中药产品方面拥有的优势,积极利用中药知识产权保护促进自身的发展,其在中药知识产权保护方面取得了很大的成绩。

一、中药品种保护

作为以中成药和植物药等中药产品为核心的广药集团,对《中药品种保护条例》中专门设立的中药品种保护权一直非常重视,到2013年底,广药集团拥有国家中药保护品种71个,其中国家中药独家生产品种31个,多个产品荣获国家和省市优质产品,广药集团超亿元产品有23个,超5亿元产品有3个,3~5亿元产品有6个,超10亿元产品有1个,其中药重点产品有:白云山和黄中药的板蓝根系列、复方丹参片、口炎清系列;广州中一药业的消渴丸;明兴制药的清开灵系列;星群药业的夏桑菊颗粒系列;奇星药业的华佗再造丸;王老吉药业的王老吉凉茶、小儿七星茶;潘高寿药业的治咳川贝枇杷系列;白云山光华小柴胡系列等。在中药品种保护权的促进下,广药集团形成了以重点中药产品为核心的高效优质、包装新颖的"广药"特色。"广药"的中药产品以其独特的疗效、优良的质量、合理的价格深受广大医务工作者和病患者的欢迎,并远销海内外。

二、商标权保护

广药集团一直注重其中药产品的品牌建设,并树立了"广药白云山,爱心满人间"品牌理念,以提升集团的知名度和美誉度。其在中药品牌建设方面取得的成就具体表现为:一是中药名优品牌明显增多。广药集团现有注册商标1 021个,其中中国驰名商标8个(白云山、王老吉、陈李济、中一、抗之霸、潘高寿、天心、何济公),广东省著名商标23件,广州市著名商标30件。二是品牌价值持续提升。2010年,广药集团旗下王老吉品牌价值评估为1 080亿元,成为中国目前第一品牌;陈李济药厂获得"全球最长寿药厂"的吉尼斯纪录;2012年,白云山品牌价值评估为280亿元,抗之霸2008年首次品牌评估为21.03亿元。此外,2007年,广药品牌、白云山品牌荣获广东省外经贸厅2007—2010年度重点培育和发展广东省出口名牌称号并获颁50万元的自主出口品牌发展专项资金奖励;广药集团(王老吉、白云山、陈李济)荣获2010年度广东省十佳自主品牌称号;广药集团及14家司属企业被列入《2011—2015年广州市实施名牌战略重点培育和扶持发展自主品牌企业》指导目录。

① 本章有关广药集团的相关数据均来自广州医药集团有限公司企业网站,具体参见http://www.gpc.com.cn/news/about/gsjj.html,2015年7月22日15:00。

三、专利权保护

虽然中药同专利权保护之间存在着不兼容的障碍，但作为促进企业持续创新的主要知识产权保护方式，且广药集团在中药创新方面拥有相当明显的技术优势，因此专利权保护同样受到广药集团的高度重视。经过多年的努力，广药集团已经初步实现“从以仿制为主走向自主创新、创仿结合”的战略转移，推动了广州医药产业快速、健康、可持续的发展。到 2013 年底，广药集团共持有专利 586 件，其中发明专利 237 件，实用新型 25 件，外观设计专利 324 件。其中影响比较大的中药发明专利介绍如下。

(1)白云山复方丹参片专利系列。白云山复方丹参片因为持续的科研投入，一跃成为中国中药产品中少有的专利方面的大户。白云山复方丹参片目前已经在原材料、生产工艺、临床使用及产品包装上拥有 10 余项专利保护：在原材料方面拥有无公害丹参仿野生种植技术专利（专利号：ZL02156461. 2）；生产工艺方面全国首创“分级提向提取技术工艺”，保证了各有效成分的含量和科学配比（专利号：ZL200610035481. 5），从而使其疗效较之其他剂型更胜一筹；全国最早采用薄膜包衣技术，使该药品在人体内吸收更快、生物利用度更高，且不含糖，使那些忌糖患者能放心服用；临床方面运用高通量筛选技术，获得防治老年痴呆症专利（专利号：ZL200310112427. 2）等。2010 年 6 月 20 日，广药集团白云山和黄中药与中国医科院药用植物研究所联合攻关的全球首个中药基因框架图绘成，白云山丹参成为世界上首个药用植物基因组框架图，标志着“广药”全球率先进入“‘中药基因’技术”时代。

(2)超临界二氧化碳萃取技术专利系列。超临界二氧化碳萃取技术的技术原理是利用超临界二氧化碳对某些特殊天然产物具有特殊溶解作用，从而将其进行萃取分离，是中成药和植物药生产过程中的关键技术之一。广药集团在此技术上共获得 3 项发明专利，已应用于中一药业、王老吉药业、敬修堂药业、陈李济药厂、奇星药业等多家生产企业的中药制剂生产。

四、老字号和非物质文化遗产的保护

中药作为传统知识的主要组成部分，最重要的特性之一是其具有深厚历史积淀的传承性。以中药作为其核心产品的广药集团，在具有悠久历史传承的老字号和非物质文化遗产方面拥有得天独厚的优势。广药集团多年来积极参与商务部组织的“中华老字号”和文化部组织的“国家级非物质文化遗产”的申请和认定。到目前为止，已经获得中华老字号认证的企业 12 家，包括陈李济、王老吉、敬修堂、中一、潘高寿、明兴、星群、何济公、采芝林、奇星、光华和健民连锁。

其中百年企业6家，包括陈李济、王老吉、敬修堂、中一、潘高寿、明兴。拥有国家级非物质文化遗产6件（星群夏桑菊、白云山大神口焱清、王老吉凉茶、陈李济传统中药文化、潘高寿传统中药文化、中一“保滋堂保婴丹制作技艺”）。

总体上来讲，广州市中药产业的发展受益于中药知识产权保护的诸多措施，与国家中药产业的整体发展保持同步，而且因为广药集团在中药产业方面具有的竞争优势，近年来得到了迅速的发展。但其仍然存在国内中药产业普遍存在的专利创新数量偏少、质量不高，过度依赖中药品种保护的问题。

本章小结

由于中药知识产权保护对中药产业发展的促进作用，国家制定了一系列对中药实行知识产权保护的法律，主要包括《专利法》《商标法》《反不正当竞争法》《中药品种保护条例》《国家级非物质文化遗产保护与管理暂行办法》等，分别对中药实行专利权、商标权、商业秘密权、中药品种保护权以及非物质文化遗产权利方面的保护。在这些保护措施下，中药产业近年来取得了可观的增长成绩，但作为中药知识产权保护主要措施的专利保护和中药品种保护均存在一定的不足。专利保护因为其同中药不兼容性的存在，因此对中药保护作用非常有限，而中药品种保护虽然能对中药产业的发展提供充分的保护，但缺乏专利保护促进创新的功能，而且对其依赖还会削弱专利保护对创新的促进作用，对中药产业长期发展不利。在世界范围内，和中药知识产权的国际保护有关的国际公约主要有CBD，TRIPS协议以及《保护非物质文化遗产公约》，因为国际知识产权保护体系为发达国家主导，而包括中药在内的传统知识上具有优势的大多为发展中国家，因此除CBD和《保护非物质文化遗产公约》对包括中药在内的传统知识做出了相应的规定外，目前国际上其主要作用的知识产权保护公约TRIPS协议对传统知识的保护没有任何规定，包括中药在内的传统知识的知识产权保护的国际化尚需继续努力，目前这种努力的主要成果之一是WIPO最近提出的《保护传统知识：条款草案》。而作为本书例证的广州市中药产业的发展，同样印证了国内中药知识产权保护的现状。作为广州市中药产业唯一代表的广药集团，近年来在中药品种保护、专利保护、商标保护以及老字号和非物质文化遗产保护方面均取得了相当的成绩，为广药集团近年来的快速成长提供了良好的条件，但其与国内其他地区中药知识产权保护存在同样的问题，即专利数量少、质量不高，不能对中药产业发展提供足够的保护，而中药品种保护则已成为广药集团对中药权利进行保护的主要方式，但其对促进创新的作用非常有限。如何从理论和实践上解决中药知识产权保护面临的这一问题，是本书对中药知识产权保护进行经济学分析的主要任务。

第三章 中药知识产权保护合理性和保护期限的经济学分析

现代知识产权保护体系之所以得到世界各国的普遍承认,是因为其可以通过对特定创新设立的垄断性权利保护,给予创新者足够的利益,从而激励其不断创新,丰富人们可得到的物质与精神产品的种类,从而促进社会进步。对于中药来说,由于其传统知识的属性,持有主体大多为某一群体乃至多个群体,且一般为世代相传,从而具有传承性。相对于现代知识产权保护体系要求的主体的确定性和新颖性或创造性,其主体具有不确定的群体性,而其传承性则与新颖性或创造性直接相悖。如果不解决这一问题,对中药实行知识产权保护会因为主体的不确定而导致利益分配上的困难,而且因为其缺乏新颖性和创造性,对其进行保护不会促进更多的创新产生,从而不仅对相关主体起不到明确的激励作用,而且也不会因为创新而促进社会进步,现代知识产权对中药实行保护将会导致资源配置的无效率。因此,对中药进行知识产权保护面临的最重要的障碍,是如何解决中药和现代知识产权保护体系两者之间存在的不兼容而导致的无效率的问题。

对中药知识产权保护进行经济学研究,同样必须解决中药知识产权保护合理性的问题。事实上,学界之前一般采取两种方式证明这一合理性的存在。一种方法是通过对中药知识产权保护进行法律上的分析,直接针对两者之间的差异,从法律技术上对中药的持有主体和新颖性、创造性问题进行特别处理,建立专门针对中药的某种特别权利。这种方法并没有真正解决两者之间存在的差异,同样无法解决对中药实行现代知识产权保护不能达到其促进创新目的的问题。另一种方法则直接将两者之间的差异不闻不问,而观察在实践中对其实行知识产权保护产生的实际效果,按照“实践是检验真理的唯一标准”的原则来解决中药知识产权保护的合理性问题。这种做法避开了理论上的争论,而且由于以事实说法,具有很强的实用性和说服力,但是却仅仅凭经验说话,知其然不知其所以然,没有上升到理论高度,从而容易导致实践过程中的思想混乱。因此,这两种方式并没有真正解决中药知识产权保护合理性的问题。为了避免陷入这两种论证方式类似的困境,本章选择从经济学的角度出发,通过对中药实行知识产权保护对社会总体福利水平产生的作用进行分析,从资源配置效率的角度证明其合理性。另外,因为中药世代相传的传承性特征,很多学者认为对其实行知识产权也应当充分尊重这一特征,为了保证持有者通过保护取得的利益世代相传,因此应当对其进行无期限的永久保护。[①] 这样是否符合社会整体乃至中药自身发展的利益?仍然需要通过经济学分析从利益的角度对这一问题做出回答。

第一节　对中药实行知识产权保护合理性的经济学分析

对中药实行知识产权保护合理性分析的一个基本误区,是将促进创新作为知识产权保护存在的根本目的,从而因为对中药实行此种保护很难达成这一目的而无法真正证明其存在的合理性。而事实上,现代知识产权保护体系建立的根本目的,并不是所谓的促进创新,而是与其他所有的制度体系一样,是促进社会进步,从经济学的角度即促进社会总体福利水平的提高。因此,要证明中药知识产权保护的合理性,从经济学的角度,必须通过对中药实行知识产权保护产生的经济作用进行分析,假如其能增加社会总体福利,则存在即是合理的,反之,则是不合理的。

一、中药知识产权保护的经济结构

参照兰德斯和波斯纳在《知识产权法的经济结构》一书中使用的分析方法,[②]可以将中药实行知识产权保护产生的经济影响进行如下解构:用 NP 表示社会净福利,即对中药实行知识产权保护带来的社会总体福利的增加值,用 P 表示对中药实行知识产权保护带来的收益,用 C 表示对中药实行知识产权保护带来的成本,则 $NP = P - C > 0$,社会总体福利水平增加值为正值,知识产权保护才有意义。以下对中药的知识产权保护产生的具体成本收益进行分析。

---

① 参见周方:中医药传统知识保护的法律制度构建,西安交通大学学报(社会科学版),2008 年第 4 期,第 92 - 96 页。

② 参见兰德斯,波斯纳:知识产权法的经济结构,金海军译,北京:北京大学出版社,2005 年版。

(一)收益

收益方面,首先是知识产权给中药持有人带来的经济利益,这里将其用 P_1 表示。但是这种利益对于整个社会来讲,只是一种转移支付,在不考虑不同人群的边际效用不同的情况下,对于社会整体福利的影响等于零。但是在考虑到进出口的情况下,则存在中药产品净出口的国家在抵消相应的支出后此项为正,存在净进口的国家为负。其次,也是对中药实行知识产权保护最主要的收益,是由于知识产权保护带来的垄断利益导致的中药的创新和发展,这里用 P_2 表示。再次,是由于知识产权保护的垄断作用,其他未获得相应知识产权保护的社会成员不能在相应中药上进行研究、开发以及生产方面投资而产生的节省,这里用 P_3 表示。① 最后,也是最容易在分析其收益时可能被漏掉的,但却是非常重要的收益,即中药知识产权保护可以在一定程度上保证中药的存在,从而对促进人民的健康水平提高的收益,这里用 P_4 表示。

(二)成本

社会需要付出的成本,首先是与中药知识产权持有人带来的经济利益相对应的社会支出,这里用 C_1 表示。对于社会整体来讲 C_1 同 P_1 相等,$C_1 - P_1 = 0$;对于相应中药产品净进口国来讲,$C_1 - P_1 > 0$;对于净出口国,$C_1 - P_1 < 0$。然后是中药知识产权保护导致的最直接的成本,即社会为了保证中药知识产权的实现而产生的各种交易成本,这里用 C_2 表示。惩罚相应的知识产权侵权会产生相应的执法成本,这里用 C_3 表示。由于基于已有中药知识产权的创新和生产成本上升,还会导致相应创新和有效供给减少,这一成本用 C_4 表示,其对于新进入者影响尤其大。由于中药知识产权保护带来的可观经济利益,人们会更大程度倾向于可获得相应知识产权的中药的开发和生产,从而对中药的其他研究和创新造成不利的影响,这一成本用 C_5 表示。最后,由于中药知识产权保护带来的垄断,导致相应中药有效供给减少,价格上升,可获取相应中药的消费者减少,这里用 C_6 表示。

综上所述,社会净福利 $NP = P(P_1, P_2, P_3, P_4) - C(C_1, C_2, C_3, C_4, C_5, C_6)$。由于 P_1 和 C_1 整体上相等,因此要使 $NP > 0$,就必须保证 $P_2 + P_3 + P_4 > C_2 +$

---

① 关于中药知识产权保护导致的社会重复投资的节省 P_3,可以参考专利制度的探矿理论和租金耗散理论。探矿理论参见埃德蒙得·凯奇于1977年发表的《专利制度的性质和功能》一文,租金耗散理论参见马克·格雷第和杰·亚历山大于1992年发表的《专利法和租金耗散》一文。参见严永和:论传统知识的知识产权保护,北京:法律出版社,2006年版,第87–96页。

$C_3 + C_4 + C_5 + C_6$。即只有在对中药实行知识产权保护产生的收益超过成本的情况下,社会总体福利水平才会增加,中药知识产权保护才具有合理性。

二、中药知识产权保护的经济分析

在对中药知识产权保护产生的经济作用进行具体衡量的时候,无论是 P_2,P_3,P_4 还是 C_2,C_3,C_4,C_5,C_6,虽然能通过中药的发展情况得到一定程度的佐证,事实上都无法得到精确的统计数字,因此无法直接计算出中药知识产权保护是否能达成社会净福利 $NP>0$ 的目标,遑论得出 NP 的具体数字。因此,某些学者在强调保护传统知识产生的成本,尤其是阻碍创新和生产的成本 C_4、创新减少的成本 C_5,而对刺激创新和发展的收益 P_2 存疑,对 P_4 忽略不计的情况下,认为包括中药在内的传统知识知识产权保护并不能产生好的结果,甚至不应当对其实行相应保护。①

然而,在无法得到精确数字的情况下,依然可以使用比较和实证的方法来解决这一问题。首先,和普通的现代知识产权保护相比较,阻止重复投资的效应 P_3 应当相差不大,能否增强包括中药在内的传统知识持有者创新和发展的能力则成为 P_2 能否产生及产生多少的关键。很多情况下,包括中药在内的传统知识的持有者均为缺乏现代知识和背景的传统社区人群,即使给予相应的传统知识再多的保护也无法促使其继续对包括中药在内的传统知识进行社会期望的改良和创新,从而保证 P_2 的产生并达到理想的数值。但是中国的情况同此有着本质的不同,中国以中药生产厂商为主的中药持有者不仅具备了现代文化背景,而且相应的中药产品已经成为竞争激烈的中国市场经济的一个重要的组成部分,在相应的知识产权保护下取得了巨大的成绩,其创新能力虽然有待证明,但发展中药的能力却是毋庸置疑的。另外,假如缺乏相应保护,中药的生存环境会更为严峻,能否存活都在两可之间,更遑论现代知识产权保护宣称的激励创新和发展。一般来说,传统知识往往局限于特定的人群,其是否存在对社会利益影响不大,从而保证其存在产生的收益 P_4 无限接近于零。与此完全不同的是,中药存在于整个中华民族的历史传统和现实之中,并在世界上发挥着较大的影响,中药的停滞不前甚至日渐消亡,必然给国家、民族乃至整个人类带来无可估量的损失,缺乏相应的保护必然导致社会总体福利水平的大幅降低,因此保证其存在的收益 P_4 不仅存在而且数额不小。至于中药实行知识产权保护产生的阻碍创新和生产的成本 C_4 以及创新减少的成本 C_5,没有任何证据表明其大于专利等现代知识产权保护方式产生的类似成本。最后,中国在中药方面具有天然的优势,一直是中药产品的净出口国,在对中药实行相应的知识产权保护的过程中,相应权利

---

① 参见崔国斌:传统知识保护的困境,专利法研究,2002 年年刊。

持有者的收益并不能由购买者的支出完全抵消，即 $P_1 - C_1 > 0$，而不是 $P_1 = C_1$ 的纯粹国内转移支付。①

在现代知识产权保护体系能给社会带来净收益，即 $P_2 + P_3 > C_2 + C_3 + C_4 + C_5 + C_6$ 的情况下，因为中药知识产权保护 $P_3, C_2, C_3, C_4, C_5, C_6$ 同现代知识产权保护产生的效果基本相同，其能否带来社会总体福利增加，即社会净收益增加的效果，关键是其产生的收益 P_2 和 P_4 之和能否大于或等于现代知识产权保护产生的收益 P_2。根据上述分析，对中药实行知识产权保护产生的 P_2 虽然由于创新上的弱点可能小于现代知识产权保护产生的 P_2，但由于 P_4 值为正且数值不小，没有理由认为其产生的收益 P_2 和 P_4 之和会小于现代知识产权保护产生的收益 P_2，而且因为中药净出口导致 $P_1 - C_1 > 0$，而不是 $P_1 = C_1$，进一步增加了中药知识产权保护带来的收益，因此没有理由怀疑中药知识产权保护导致的收益 $P_2 + P_3 + P_4$ 会小于现代知识产权保护导致的收益 $P_2 + P_3$。因此，中药的知识产权保护同样能达成收益大于成本，即 $P_2 + P_3 + P_4 > C_2 + C_3 + C_4 + C_5 + C_6$ 的结果，即对中药实行知识产权保护可以给社会带来净收益，从而增加社会总体福利。而前面提到的中药发展的数据，虽然不能说完全是由于对中药实行了知识产权保护的原因，但从相应的中药知识产权保护实行以来取得的良好社会效果和经济效果来看，中药知识产权保护对社会总体福利水平产生的正面效果是显而易见的。

综上所述，虽然中药知识产权保护存在不能促进创新以及阻碍创新的疑问，但是一方面，其能对中药的存在和发展起到显著的保护和促进作用，而中药的存在和发展本身给社会带来总体福利的增加；另一方面，中国在国际上具有中药领域的优势地位，通过对中药实行知识产权保护能进一步激励中药的创新和发展，进一步增强这一领域的国际优势，扩大中药产品净出口，从而促进国民经济的增长。这两方面的综合足以抵消中药知识产权保护在创新方面存在的不足，从而使由此带来的社会净福利仍然保持正值。因此，从经济学的角度对中药实行知识产权保护毫无疑问能进一步提高社会整体福利水平，从而达到社会资源的有效配置，其合理性是毋庸置疑的。

---

① 站在发达国家的角度，由于其处于中药的净进口的地位，因此必然产生 $P_1 - C_1 < 0$ 的情况，在其他条件不变的情况下，对中药的知识产权保护会使其处于相对于中国等中药具有传统优势的发展中国家的不利地位，这成为发达国家一直反对对包括中药在内的传统知识实行知识产权保护的主要原因之一。

第二节　中药知识产权保护期限的经济学分析

包括中药在内的传统知识最重要的特点之一，以及其同现代知识产权保护体系不兼容的关键之一，是其世代相传导致的传承性。包括中药在内的传统知识的传承性特点，一方面导致其很难促进创新，从而遭到接受知识产权保护的合理性的质疑，另一方面则使很多学者认为应当在对其进行知识产权保护的同时，确保这一特点的持续存在，因此应当对其实行无期限的永久性保护。但是，同样有很多学者并不认为对包括中药在内的传统知识进行知识产权保护就必须对其在期限上也特殊对待，而是认为应当同现代知识产权保护体系相一致，对其实行有限期的保护。在 WIPO 拟定的文件《保护传统知识：条款草案》中，这种是否需要实行无期限保护的争论得到了充分的反映。此草案对传统知识的知识产权保护期限主要有两种意见：一种是对传统知识实行某种永久性的保护，另一种则主张根据成员国的传统知识的具体特点实行某种有期限的保护。[①] 在国内，学界也普遍认为包括中药在内的传统知识保护应当是无限期的，而目前为中药量身定做的中药品种保护权却有着明确的期限规定。[②] 那么，对中药的知识产权保护到底应不应当设置一定的期限呢？

是否对中药实行知识产权保护，不能仅凭其同现代知识产权保护体系存在差异就简单否定，而必须根据其实行是否能为社会带来总体福利的增加作为判断其合理性的最终标准。与此类似，是否应当对中药实行无限期的知识产权保护，同样不能以是否能保证其传承性或者是与现代知识产权保护体系相一致作为判断的标准，而必须以其是否能最大限度地实现社会总体福利的增加为决定行为的依据。

一、中药知识产权保护期限的期望效用函数分析

在现代社会是以效用最大化为目标的经济理性人的前提下，按照冯·诺伊曼和摩根斯顿提出的期望效用函数理论，社会设定的对中药的知识产权保护期限目标，应当是能达成最大预期效用的最优知识产权保护期限。

---

① 参见 WIPO：《保护传统知识：条款草案》，Comments by the Facilitators on Article 7，wipo_grtkf_ic_24_4，P. 36。

② 参见周方：中医药传统知识保护的法律制度构建，西安交通大学学报（社会科学版），2008 年第 4 期，第 92 – 96 页。

设定 Q 为社会对中药的知识产权保护年限，$0 \leqslant Q < +\infty$，为社会可以选择的变量，那么相应对中药的知识产权保护年限对应的收益则为以 Q 为变量的 $R(Q)$，成本为 $C(Q)$，社会预期的福利或预期效用为 $E(U)$。假设对中药实行知识产权保护的边际收益和边际成本均为正值且边际收益递减和边际成本递增[①]，因此，$R'(Q) > 0, R''(Q) < 0, C'(Q) > 0, C''(Q) > 0$。在这样的条件下，假设有最优对中药的知识产权保护年限 Q_0 存在，则社会的目标函数如下：

当 $R'(0) \leqslant C'(0)$，因为 $R'(Q) > 0, R''(Q) < 0, C'(Q) > 0, C''(Q) > 0$，$\max E(U) = R(0) - C(0)$，$Q_0 = 0$；

当 $R'(+\infty) \geqslant C'(+\infty)$，因为 $R'(Q) > 0, R''(Q) < 0, C'(Q) > 0, C''(Q) > 0$，$\max E(U) = R(+\infty) - C(+\infty)$，$Q_0 = +\infty$；

当 $R'(0) > C'(0)$，$R'(+\infty) < C'(+\infty)$，因为 $R'(Q) > 0, R''(Q) < 0, C'(Q) > 0, C''(Q) > 0$，$\max E(U) = R(Q_0) - C(Q_0)$，$0 < Q_0 < +\infty$。

前两种情况实际上是不存在的。在 $R'(0) \leqslant C'(0)$，因为 $R'(Q) > 0$，$R''(Q) < 0, C'(Q) > 0, C''(Q) > 0$，$\max E(U) = R(0) - C(0)$，$Q_0 = 0$ 的情况下，意味着效用最大化或是福利最大化的社会是中药完全不实行知识产权保护的社会，而前述的事实证明，在对中药实行了一定程度的知识产权保护之后，中药的发展得到了相当大的促进，所以这种可能性不存在；而在当 $R'(+\infty) \geqslant C'(+\infty)$，因为 $R'(Q) > 0, R''(Q) < 0, C'(Q) > 0, C''(Q) > 0$，$\max E(U) = R(+\infty) - C(+\infty)$，$Q_0 = +\infty$ 的情况下，效用最大化或是福利最大化的社会是对中药知识产权实行永久保护的社会，但是事实上，由于在 Q_0 越接近 $+\infty$ 时，$C'(Q)$ 增加得越快，而 $R'(Q)$ 仍在继续减少，要实现 $R'(+\infty) \geqslant C'(+\infty)$ 的条件是不可能的。因此，事实上社会的目标函数为 $\max E(U) = R(Q_0) - C(Q_0)$，此时 $0 < Q_0 < 1$。

满足最优解的一阶条件为

$$\partial E(U)/\partial Q_0 = R'(Q_0) - C'(Q_0) = 0$$

满足最优解的二阶条件为

$$\partial^2 E(U)/\partial Q_0^2 = R''(Q_0) - C''(Q_0) < 0$$

因为 $R''(Q) < 0$，$C''(Q) > 0$，二阶条件 $\partial^2 E(U)/\partial Q_0^2 = R''(Q) - C''(Q) < 0$ 自动满足。因此只有 $R'(Q_0) - C'(Q_0) = 0$，即 $R'(Q_0) = C'(Q_0)$ 时，社会获得最优效用 $\max E(U)$。

---

① 对中药每增加一定年限的知识产权保护期，肯定会使社会产生获益人群并产生相应的成本，所以收益和成本均为正值。而随着知识产权保护期限的增加，由于权利扩散和技术进步造成的替代，其收益会逐渐减少，而确权和权利交易的费用则会逐渐增大，造成边际收益逐渐下降而边际成本逐渐上升。

因此,社会获得效用最大化或者福利最大化时对中药的知识产权保护期限 $0 < Q_0 < +\infty$,此时 $R'(Q_0) = C'(Q_0)$。这意味着社会为了实现福利最大化,既不能不对中药权利实行一定程度的知识产权保护,也不应当对其实行某种无限期的永久性的保护,而是应实行一定年限的知识产权保护,在此保护年限达到时,社会对中药实行知识产权保护的边际收益同其边际成本相等。在社会以预期效用最大化作为目标的情况下,实行的中药的知识产权保护期限应当是最优知识产权保护期限 Q_0。因此,从达成最优预期效用的经济分析角度,对中药知识产权保护应当存在,但其期限不应是永久性的,而是最符合社会实际情况的有限保护期。

二、中药知识产权保护期限的线性分析

以上分析过程也可以借鉴波斯纳在《法律的经济分析》一文中使用的线性分析方法,将其通过函数曲线图进行表示。

用曲线 MC 表示函数 $C'(Q)$,曲线 MR 表示函数 $R'(Q)$,曲线 TR 表示 $E(U)$ 的变化,上述函数关系可以用图 3.1 表示。

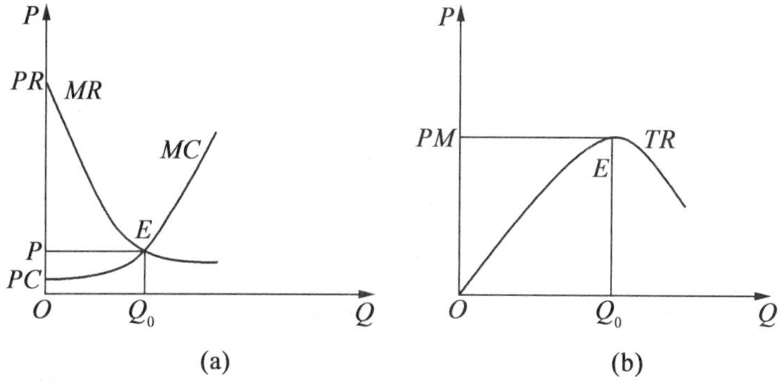

图 3.1　中药知识产权保护期限的期望效用函数线性模型

图 3.1 中,Q 轴表示中药知识产权保护期限,P 轴表示中药知识产权保护的成本或收益。

从图 3.1(a)中可以看出,随着中药知识产权保护期限 Q 的增加,代表相应中药知识产权保护期限延长需要的社会成本(或社会投入)的边际成本曲线 MC 不断上升,即边际成本递增,而代表中药知识产权保护期限的延长产生的社会收益(或社会效益)的边际收益曲线 MR 则不断下降,即边际收益递减。也就是说,随着中药知识产权保护期限的延长,每提高一单位中药知识产权保护期限需

要投入的社会资源越来越多,而产生的社会效益越来越少。[①] 只要曲线 *MR* 在曲线 *MC* 之上,每提高一单位中药知识产权保护期限产生的社会效益就大于其需要的社会投入,社会福利就会增加,随着中药知识产权保护期限的逐渐延长,社会总福利会持续增加,一直到曲线 *MR* 与曲线 *MC* 相交于 *E* 点,此时的中药知识产权保护期限为 Q_0。达到 Q_0 后继续增加中药知识产权保护期限,由于曲线 *MR* 位于曲线 *MC* 之下,此时每提高一单位中药知识产权保护期限需要的社会投入已经超过其产生的社会收益,社会总福利水平不升反降。因此,社会总福利水平在中药知识产权保护期限为 Q_0,曲线 *MR* 和曲线 *MC* 相交于 *E* 点时达到最大,此时每提高一单位中药知识产权保护期限需要的社会投入和产生的社会效益刚好相等,均为 P_0,总的社会福利增加值为 *PREPC* 所组成的三角形区域的面积。假设将中药知识产权保护期限在 Q_0 的基础上继续提高,则社会的在中药知识产权保护期限为 Q_0 时达到的最大化的社会总福利水平的基础上,产生相当大的损失。

从图 3.1(b)中可以看出,随着中药知识产权保护期限 *Q* 的增加,代表社会净收益水平变化的曲线 *TR* 最初不断上升,一直到最高点 *E*,此时对应的中药知识产权保护期限为 Q_0,社会净收益达到最高值 *PM*。超过 Q_0,则社会净收益不断下降。

综合以上分析可以看出,对于中药的知识产权保护,要使其达到社会总体福利最大化的效果,就必须实行有限的 Q_0 的保护期限。也就是说,从经济学的角度,分析的结果是不应当对中药知识产权实行永久性的保护,而应根据实际情况,选择能最大限度地促进社会进步的有限保护期限。

三、不同类型社会包括中药在内的传统知识保护期限的经济学分析

值得注意的是,得出中药知识产权保护应当是有期限而不是永久性的结论需要一个既定的经济假设。即中药知识产权保护随着年限的增加,由于技术的进步和知识的扩散而出现边际收益下降和边际成本上升的情况。这一假设基本符合中国日益发展的现状,却同世界上多数国家的情况相悖。以下将在以上针对中国中药知识产权保护期限分析的基础上,将其他国家按照在传统知识上不具优势的发达国家及在传统知识上具有优势的发展中国家进行区分,分别对最符合其社会资源有效配置的包括中药在内的传统知识保护年限进行经济学

① 比如将中药知识产权保护期限从 5 年提高到 7 年增加的社会成本肯定小于将中药知识产权保护期限从 12 年提高到 13 年所增加的社会成本。但是,将中药知识产权保护期限从 5 年提高到 7 年产生的社会效益却肯定要大于将中药知识产权保护期限从 12 年提高到 13 年所产生的社会效益。

分析。

（一）发展中国家包括中药在内的传统知识保护期限的经济学分析

对于大多数发展中国家来说，由于其传统知识持有群体基本上处于静态的传统社区，在一定的期限内，技术进步和知识的扩散导致的收益减少很微弱甚至不存在，也因为很少出现确权和权利交易的现象而使其成本基本不会出现大幅度的增加，对包括中药在内的传统知识实行保护而产生的利益 R 以及成本 C 基本保持不变。因此随着保护期限的增加，其边际收益 MR 和边际成本 MC 同样基本保持不变。而由于其在相应传统知识上的优势地位，实行相应的知识产权保护显然对其有利，也就是初始 $MR > MC$，由于两者基本不变，随着保护期限的增加，$MR > MC$ 的情形会一直维持，因此对包括中药在内的传统知识的保护而产生的社会净收益同保护期限是正比的关系。在这样的情况下，对包括中药在内的传统知识实行永久性的知识产权保护显然最符合其利益。但是这些国家要持续保持状态需要付出很大的代价，即其作为传统知识的持有者一直保持在静态的传统社区这种落后的社会状态。事实上，目前大多数发展中国家传统知识的持有者基本符合对发展中国家的设定，这也是 WIPO 在制定传统知识保护的公约草案时，虽然列出了无限期保护和有限期保护两种选项，但却将无限期保护放在首位的原因。[①] 然而，需要注意的是，中国虽然同样属于发展中国家，但因为近几十年来的高速现代化进程，其与大多数发展中国家几乎处于静止的状况显然有着较大的差别。上述状况如图 3.2 所示。

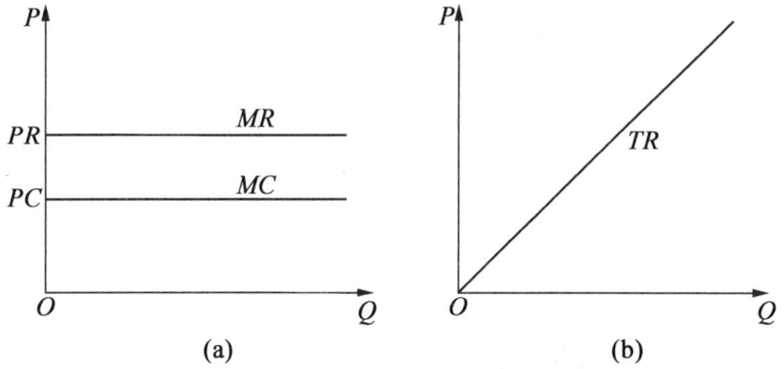

图 3.2　发展中国家包括中药在内的传统知识保护期限的线性模型

图 3.2 中，Q 轴表示包括中药在内的传统知识保护期限，P 轴表示包括中药在内的传统知识保护的成本或收益。

① 参见 WIPO：保护传统知识：条款草案，Comments by the Facilitators on Article 7，wipo_grtkf_ic_24_4，p36。

从图 3.2(a)中可以看出，随着包括中药在内的传统知识保护期限 Q 的增加，代表相应包括中药在内的传统知识保护期限延长需要的社会成本(或社会投入)的边际成本曲线 MC 和代表包括中药在内的传统知识保护期限的延长产生的社会收益(或社会效益)的边际收益曲线 MR 是两条基本保持平行的直线。也就是说，随着包括中药在内的传统知识保护期限的延长，每提高一单位包括中药在内的传统知识保护期限需要投入的社会资源及产生的社会效益基本不变。只要曲线 MR 在曲线 MC 之上，每提高一单位包括中药在内的传统知识保护期限产生的社会效益就大于其需要的社会投入，社会福利就会增加，随着包括中药在内的传统知识保护期限的逐渐延长，社会总福利会持续增加。因为曲线 MR 始终在曲线 MC 之上，因此对于这些发展中国家来说，包括中药在内的传统知识保护期限越长，其获得的社会总福利增加得越多，最符合大多数发展中国家利益的包括中药在内的传统知识保护期限是无限期的永久性保护。

从图 3.2(b)中可以看出，随着包括中药在内的传统知识保护期限 Q 的增加，代表社会净收益水平变化的曲线 TR 不断上升，保护期限越长，社会净收益越大，因此最佳的保护期限是无限期的永久性保护。

(二)发达国家包括中药在内的传统知识保护期限的经济学分析

那么，对于发达国家情况又会出现什么样的变化呢？一方面，对于现代化程度高于中国的发达国家来说，由于权利扩散和技术进步造成的替代导致的收益减少，以及确权和权利交易产生的费用增加均较中国严重。另一方面，由于其在包括中药在内的传统知识上处于弱势地位，其实行这种保护可能产生的绝对收益也远较中国低。因此，对于发达国家来说，其最佳包括中药在内的传统知识保护期限同中国也有着较大的差别。具体经济效应如图 3.3 所示。

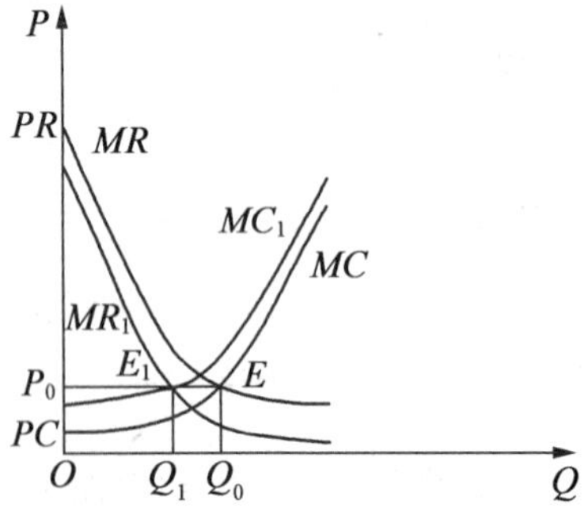

图 3.3　发达国家包括中药在内的传统知识保护期限的线性模型

图 3.3 中，Q 轴表示中药知识产权保护期限，P 轴表示中药知识产权保护的成本或收益。

从图3.3中可以看出，随着包括中药在内的传统知识保护期限 Q 的增加，其边际收益曲线 MR_1 较中国的曲线 MR 下移而边际成本曲线 MC_1 较中国的曲线 MC 上升，最终使达成社会总体福利最大化的最佳版权期限 Q_1 位于发达国家的 Q_0 的左边，即其最优的保护期限短于中国。对于很多发达国家来说，由于其对包括中药在内的传统知识持有量极少，甚至会出现实行保护产生的初始收益 PR 小于初始成本 PC 的极端情况，此时对其最佳的保护期限选择是完全不实行任何保护。

综上所述，随着知识产权保护期限的增加，由于权利扩散和技术进步造成的替代，中药知识产权保护产生的收益会逐渐减少，而确权和权利交易的费用则会逐渐增大，造成边际收益逐渐下降而边际成本逐渐上升，当保护期限增加到一定程度，边际成本和边际收益相等时社会总体福利增加最大。因此，中药知识产权保护不应当实行无期限的永久性保护，而是能使社会总体福利最大化的有限期的保护。但是，对于大多数发展中国家来说，由于其传统知识持有者基本处于静态的传统社区，保护产生的收益和成本基本保持不变，不存在上述随着时间推移而出现的边际成本递增和边际收益递减的情况，再加上其在传统知识上的明显优势，实行永久性的保护对其最为有利。而对于发达国家来说，因为此方面的边际成本和边际递减效应较中国更强，因此应当实行比中国更短的保护期限甚至是不实行任何保护。

本章小结

对中药知识产权保护进行经济学研究的前提是其具有存在的合理性，从经济学的角度，中药知识产权保护是否具有合理性的根本判断标准是其能否促进社会总体福利的增长，因此必须对中药知识产权保护的合理性进行相应的经济学分析。通过经济上的成本收益衡量可以获知，中药知识产权保护能对中药的存在和发展起到显著的保护和促进作用，而且中国在国际上可以利用其在中药领域的优势地位扩大中药产品的净出口，足以抵消中药知识产权保护在创新方面存在的不足，从而使其带来的社会净福利仍然保持正值，中药知识产权保护的合理性是毋庸置疑的。

然而，学界对中药知识产权保护期限存在着不同看法，同样需要从经济学的角度进行分析。通过期望效用函数理论和线性分析方法对其进行利益计算可以发现，由于边际成本递增和边际效用递减的作用，从中国的现实国情出发，中药知识产权保护只应当是有限期的保护，而不是某种永久性的绝对保护，从经济学的角度否定了认为中国传统知识的知识产权保护应当无限期的主张。[①] 对中药实行知识产权保护的各项主要制度，如专利制度保护和中药品种权保护制度，均应规定相应的期限。[②] 但是，对于大多数发展中国家，由于其传统知识持有者基本处于静态的传统社区，保护产生的收益和成本基本保持不变，不存在上述随着时间推移而出现的边际成本递增边际收益递减的情况，再加上其在传统知识上的明显优势，实行永久性的保护对其最为有利。而对于发达国家来说，因为此方面的边际成本和边际递减效应较中国更强，因此应当实行比中国更短的保护期限甚至是不实行任何保护。

① 由于中国经济的高速发展，已经同发展停滞不前的发展中国家产生了很大的差距，因此虽然 WIPO 保护传统知识的公约草案将永久性保护的选项放在首位，但显然并不符合中国的经济现实。关于 WIPO 保护传统知识公约草案的保护期限选项内容，参见 WIPO：《保护传统知识：条款草案》，Comments by the Facilitators on Article 7，wipo_grtkf_ic_24_4，P. 36。

② 根据中国现行的《专利法》和《中药品种保护条例》，对中药的相关专利和品种权保护均是有限的。《中药品种保护条例》虽然规定品种保护权利可以通过申请扩展，并且没有规定扩展申请的次数，但却对每次申请成功后的品种保护权利有明确的年限规定，而且由于上面所述随着时间推移产生的收益递减和成本递增的问题，无限扩展的可能性根本不存在。

第四章　中药专利权保护的经济学分析

专利权制度是现代知识产权体系的核心制度，人们常说的知识产权保护有促进创新和技术进步的作用，实际上主要是专利权保护所起的作用。而中药同现代知识产权保护体系之间存在的不兼容现象，事实上主要指中药同专利权保护之间的不兼容。专利权最初的意思即为某种专属的垄断权利，因此其拥有主体必须具有确定性，而专利制度创设的最初目的即为了促进技术进步，因此对新颖性和创新性有着非常严格的要求。而包括中药在内的传统知识由于主体的群体性特征，很难确定其专属权利的主体，再加上其世代相传的传承性，更是与专利权保护要求达到的新颖性和创新性的标准直接相悖。

虽然中药属于传统知识的本质特征使其得到专利权保护存在诸多障碍，但不可否认的是，作为现代知识产权保护体系的核心制度，专利权保护对中药同样起着非常重要的影响。专利制度对中药知识产权保护的影响，主要可分为积极和消极两方面。[①] 积极的方面是对符合条件的中药创新，直接申请取得相应的专利权，从而获得专利权的保护。消极的方面则是他人通过目前国际盛行的被称之为“生物海盗”的中药专利剽窃行为，剽窃中药的相关知识，取得相应的专利权，从而进一步削弱对中药的保护，损害中药的发展。

因此，在中药同专利权保护制度存在以上不兼容现象的情况下，如何通过经济学分析的角度找到中药专利权保护存在的主要症结，并据以提出可行的对策，是需要解决的主要问题。另外，在探索对中药实施专利权保护的可能性的同时，还应注意现代专利权保护制度对中药保护的消极作用，对其进行经济学分析并找到相应解决措施的重要问题。最后，广州市中药产业在专利权保护方面的现状，可以为中药专利权保护对中药产业产生的相应影响起到具体的例证作用。

---

① 参见严永和：论传统知识的知识产权保护，北京：法律出版社，2006 年版，第 267 页。

第一节　中药实行专利权保护的经济学分析

中药从本质上属于传统知识的一部分,其与现代知识产权保护体系、主要是专利权保护制度存在着很多不兼容的地方。从表面上来看,因为中药的持有主体的群体性和传承性特征同专利权保护要求的主体确定性和新颖性、创造性完全相悖,中药实施专利权保护面临着难以克服的困难。

然而,专利制度保护的是技术创新,而且是现代社会促进技术创新的主要制度。虽然其同中药存在着不兼容的特性,但其并不排斥中药,对符合条件的中药创新,同样能够得到专利制度的积极保护,因此其对中药创新同样有着其他制度难以比拟的积极作用。

一、专利和专利权保护

(一)专利

专利(Patent)从字面上讲,即是指专有的利益和权利。"专利"一词来源于拉丁语 Litterae patentes,意为公开的信件或公共文献,是中世纪的君主用来颁布某种特权的证明,后来指英国国王亲自签署的独占权利证书。专利是世界上最大的技术信息源,据实证统计分析,专利包含了世界科技技术信息的90% ~95% 。[①]

专利在使用的过程中,通常有三种不同的意义。

第一,专利权的简称,指专利权人对发明创造享有的专利权,即国家依法在一定时期内授予发明创造者或者其权利继受者独占使用其发明创造的权利,这里强调的是权利。专利权是一种专有权,这种权利具有独占的排他性。非专利权人要想使用他人的专利技术,必须依法征得专利权人的授权或许可。

第二,指受到专利法保护的发明创造,即专利技术,是受国家认可并在公开的基础上进行法律保护的专有技术。"专利"在这里具体指的是技术方法——受国家法律保护的技术或者方案。(所谓专有技术,是享有专有权的技术,这是更大的概念,包括专利技术和技术秘密。某些不属于专利和技术秘密的专业技术,只有在某些技术服务合同中才有意义。)专利是受法律规范保护的发明创

---

① 参见刘华:专利制度与经济增长:理论与现实——对中国专利制度运行绩效的评估,中国软科学,2002 年第 10 期,第 26 - 30 页。

造，它是指一项发明创造向国家审批机关提出专利申请，经依法审查合格后向专利申请人授予的该国内规定的时间内对该项发明创造享有的专有权，并需要定时缴纳年费来维持这种国家的保护状态。

第三，指专利局颁发的确认申请人对其发明创造享有的专利权的专利证书或指记载发明创造内容的专利文献，指的是具体的物质文件。

（二）专利促进创新的运作机制

专利的两个最基本的特征就是“独占”与“公开”，以“公开”换取“独占”是专利制度最基本的核心，这分别代表了权利与义务。“独占”是指法律授予技术发明人在一段时间内享有排他性的独占权利；“公开”是指技术发明人作为对法律授予其独占权的回报而将其技术公之于众，使社会公众可以通过正常渠道获得有关专利信息。从经济学分析的角度，这同样是社会同技术发明人之间的一种利益交换或者是利益权衡，即以赋予技术发明人专利权享有的独占利益以换取其所掌握的技术对社会的公开，从而在使技术发明人获得足够的利益以激励其继续从事技术创新，另一方面又能使相应的发明创造能为公众知悉，使基于其之上的新的发明创造成为可能，从而在整体上促进社会进步。据 WIPO 的有关统计资料表明，全世界每年 90% ~95% 的发明创造成果都可以在专利文献中查到，其中约有 70% 的发明成果从未在其他非专利文献上发表过，科研工作中经常查阅专利文献，不仅可以提高科研项目的研究起点和水平，而且还可以节约 60% 左右的研究时间和 40% 左右的研究经费。①

（三）专利权保护

专利权保护是指法律对获得专利的发明创造提供的相应保护。专利持有人享有受法律保护的在规定的时间内对该项发明创造享有的专有权。这种权利具有独占的排他性。非专利权人要想使用他人的专利技术，必须依法征得专利权人的同意或许可。

一个国家依照其专利法授予的专利权，仅在该国法律管辖的范围内有效，对其他国家没有任何约束力，外国对其专利权不承担保护的义务，如果一项发明创造只在我国取得专利权，那么专利权人只在我国享有独占权或专有权。

专利权的法律保护具有时间性，中国的发明专利权期限为 20 年，实用新型专利权和外观设计专利权期限为 10 年，均自申请日起计算。

① 参见徐海燕：对我国专利制度的几点思考，中国科技论坛，2010 年第 3 期，第 102 - 105 页。

(四)获得专利权保护的条件

授予专利权的发明和实用新型,应当具备新颖性、创造性和实用性。

(1)新颖性是指该发明或者实用新型不属于现有技术;也没有任何单位或者个人就同样的发明或者实用新型在申请日以前向国务院专利行政部门提出过申请,并记载在申请日以后公布的专利申请文件或者公告的专利文件中。

(2)创造性是指与现有技术相比,该发明具有突出的实质性特点和显著的进步,该实用新型具有实质性特点和进步。

(3)实用性的判断标准是专利法的规定:“实用性,是指该发明或者实用新型能够制造或者使用,并且能够产生积极效果。”能够制造或者使用,是指发明创造能够在工农业及其他行业的生产中大量制造,并且应用在工农业生产上和人民生活中,同时产生积极效果。这里必须指出的是,专利法并不要求其发明或者实用新型在申请专利之前已经经过生产实践,而是分析和推断在工农业及其他行业的生产中可以实现。

二、专利权保护的经济学分析

现代社会之所以给各种创新提供专利权保护,是为了促进社会进步。因此,对相关技术进步提供专利权保护,其产生的利益一定要超过实行这种保护产生的成本,给社会带来净福利的增加,才能实现促进社会进步的目的。用 NP 表示社会净福利,用 P 表示专利权保护带来的收益,用 C 表示专利权保护带来的成本,则 $NP = P - C > 0$,专利权保护才有意义。

(一)收益

实行专利权保护的收益有哪些呢?首先是专利权给持有人带来的经济利益,这里将其用 P_1 表示。但是这种利益对于整个社会来讲,只是一种转移支付,在不考虑不同人群的边际效用不同的情况下,对于社会整体福利的影响等于零。但是在考虑到进出口的情况下,则存在专利产品净出口的国家在抵消相应的支出后此项为正,存在净进口的国家为负。其次,专利权保护最主要的收益是由于专利权带来的垄断利益导致的技术创新的增加,从而导致社会福利的增加,这里将其用 P_2 表示。[①] 最后,还有专利赋予的垄断权减少的社会上的重复投资带来

① 关于专利创设的目的,学界有着不同的认识,主要观点有激励创新说、激励公开说、激励改革说、前景理论、激励改革 & 扩散说、政策工具说等。参见 Ove Granstrand: *Patents and Innovation for Growth in a Converging World Economy*, wipo_ip_econ_ge_4_11wipo_ip_econ_ge_4_11, P.12. 但无论哪一种理论,均认为专利是国家通过立法,鼓励创新者通过披露其创新信息,从而获取某种独占形式的专利权,最终使社会的创新增加,提高社会总体福利的一种制度。

的节约，这里将其用 P_3 表示。

（二）成本

成本方面，首先是与专利权持有人带来的经济利益相对应的社会支出，这里用 C_1 表示。对于社会整体来讲 C_1 同 P_1 相等，$C_1 - P_1 = 0$；对于专利产品净进口国来讲，$C_1 - P_1 > 0$；对于净出口国来讲，$C_1 - P_1 < 0$。然后是专利权保护导致的最直接的成本，即社会为了保证专利权的实现而产生的各种交易成本，这里用 C_2 表示。惩罚相应的专利侵权会产生相应的执法成本，这里用 C_3 表示。由于基于已有专利的创新成本上升，还会导致相应创新减少，这一成本用 C_4 表示，这一成本对于新进入者影响尤其大。由于专利权保护带来的可观经济利益，人们会更大程度倾向于具有商业潜力的创新，从而给人类进步更关键的基础科学等造成不利的影响，给社会福利带来负面的影响，这一成本用 C_5 表示。最后，也许是专利权保护导致的最大社会成本，即由于专利权保护导致可获取专利产品的人数减少从而导致的成本，这里用 C_6 表示。①

（三）专利权保护的经济效应

社会净福利 $NP = P(P_1, P_2, P_3) - C(C_1, C_2, C_3, C_4, C_5, C_6)$。由于 P_1 和 C_1 整体上相等，因此要使 $NP > 0$，就必须保证 $P_2 + P_3 > C_2 + C_3 + C_4 + C_5 + C_6$。由于 P_1 即专利权持有人的收益比较直观，而激励创新的收益 P_2、重复投资节省的收益 P_3、交易成本 C_2、维权成本 C_3、阻碍创新的成本 C_4、创新质量降低的成本 C_5 及可受益人数减少的成本 C_6 则难以取得准确的统计数字，容易受评估人的主观影响。在一个以资本导向的社会，容易出现夸大 P_2，P_3，而缩小 $C_2 - C_6$ 的数值的倾向，因此真正的社会净福利 NP 可能被高估，出现实际社会净福利 NP 为负数，立法者仍然认为其为正，从而继续实行专利权保护的可能。这也是专利权保护最受人诟病的原因所在。

上述收益和成本随着时间的推移，同样会受边际收益递减和边际成本递增规律的影响。随着专利权保护时间的延长，其对增加 P_2 的刺激会逐渐减小，而由于专利权保护产品的传播和扩散，相应的交易成本 C_2、维权成本 C_3、阻碍创新的成本 C_4、可受益人数减少的成本 C_6 都会逐渐增大。当专利权保护的期限到达一定程度之后，必然会导致 $NP < 0$ 的情况出现，从而应当终止专利权保护。

---

①　关于专利权导致可获取相应专利产品的受益人数减少的问题，可参见 Elisabeth Mueller, Iain M. Cockburn, Megan MacGarvie: *Access to Intellectual Property for Innovation: Evidence on Problems and Coping Strategies from German Firms*, wipo_ip_econ_ge_4_13_www_243943.

所以专利权保护不应当是永久性的，现代社会的专利权保护都有着明确的保护期限。专利权保护造成的经济效应如图 4.1 所示。

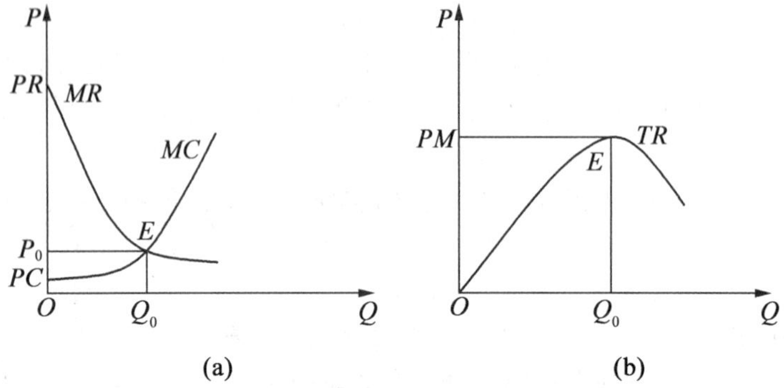

图 4.1　专利权保护期限的预期效用函数线性模型

图 4.1 中，Q 轴表示专利权保护期限，P 轴表示维护专利权保护的成本或收益。

从图 4.1(a)中可以看出，随着专利权保护期限 Q 的增加，代表相应专利权保护期限延长需要的社会成本（或社会投入）的边际成本曲线 MC 不断上升，即边际成本递增，而代表专利权保护期限的延长产生的社会收益（或社会效益）的边际收益曲线 MR 则不断下降，即边际收益递减。也就是说，随着专利权保护期限的延长，每提高一单位专利权保护期限需要投入的社会资源越来越多，而产生的社会效益越来越少。[①] 只要曲线 MR 在曲线 MC 之上，那么，每提高一单位专利权保护期限产生的社会效益就大于其需要的社会投入，社会福利就会增加。只要曲线 MR 在曲线 MC 之上，随着专利权保护期限的提高，社会总福利会持续增加，一直到曲线 MR 与曲线 MR 相交于 E 点，此时的专利权保护期限为 Q_0。达到 Q_0 后继续增加专利权保护期限，由于曲线 MR 位于曲线 MC 之下，此时每提高一单位专利权保护期限需要的社会投入已经超过其产生的社会收益，社会总福利水平不升反降。因此，社会总福利水平在专利权保护期限为 Q_0，曲线 MR 和曲线 MC 相交于 E 点时达到最大，此时每提高一单位专利权保护期限需要的社会投入和产生的社会效益刚好相等，均为 P_0，将专利权保护期限提高到 Q_0 产生的总的社会福利增加值为 $PREPC$ 所组成的三角形区域。假设将专利权保护

① 比如将专利权保护期限从 10 年提高到 11 年所需要的社会投入肯定小于将专利权保护期限从 70 年提高到 71 年所需要的社会投入。但是，将专利权保护期限从 10 年提高到 11 年产生的社会效益却肯定要大于将专利权保护期限从 70 年提高到 71 年所产生的社会效益。

期限在 Q_0 的基础上继续提高，则社会会在专利权保护期限为 Q_0 时达到的最大化的社会总福利水平的基础上，产生相当大的损失。

从图 4.1(b) 中可以看出，随着专利权保护期限 Q 的增加，代表社会净收益水平变化的曲线 TR 最初不断上升，一直到最高点 E，此时对应的专利权保护期限为 Q_0，社会净收益达到最高值 PM。专利权保护期限超过 Q_0，社会净收益反而不断下降。

综合图 4.1 的分析可知，适当期限的专利权保护能促进社会总体福利的增加，过长和过短的专利权保护都会损害社会总体福利水平。

三、中药专利权保护的经济学分析

从法律的角度，由于中药的传统知识属性，对其实行专利权保护会存在专利权主体和其新颖性难以确定等问题。在专利权主体难以确定的情况下，专利权的经济收益找不到实际的受益者，遑论对其产生经济激励。而新颖性更是专利权保护的根本所在，不能确定新颖性的中药是无法得到专利制度的保护的。

(一)解决中药专利权保护障碍的法律方法

专利权主体确定的问题比较容易解决，可以将中药掌握者作为专利权主体，确实难以确定的时候也可以将国家作为专利权主体。但是，中药一般是经过成百上千年的长期积累的、某一族群的智慧的结晶，要想在很短的时间内对其做出能达到普通专利标准的创新，从而确定其新颖性，这种可能性是不大的。在这样的情况下，就有必要对中药专利申请的新颖性和创造性的标准做出符合其自身情况的解释。正如某些学者指出的，对于只在某些族群内部传播的中药，可以将此族群当作一个整体，专利审查的时候可以不将其内部传播认定为在先情形，从而认定其新颖性，授予此族群相应的专利。[①]

从经济的角度，虽然上述法律问题必然对中药的专利保护带来相应的成本收益的影响，但其增加的成本并不必然超过相应的收益，从而导致资源配置的无效率。

(二)收益

就算在专利审查时对中药实行上述的或类似的宽松政策，由于中药从根本上来讲属于传统知识的一种，其持有人常常属于经济技术不发达的群体，刺激这一群体做出可观的创新可能是不大现实的。因此，在授予此类专利的时候，一定要审核其持有人的可持续创新能力，必要的时候可以以国家的力量组建相应的

① 参见严永和：论传统知识的知识产权保护，北京：法律出版社，2006 年版，第 223 页。

公司持有此类专利，以保证专利的刺激创新的目的得以真正实现。否则，专利权保护期望得到的社会收益 P_2 就会受到极大的削弱，所谓的社会净福利 NP 更不可能存在。另外，还必须考虑到，因为中药同其悠久的历史传统相挂钩，而其持有者在历史文化的理解方面有着先天的优势，较其他人群更有可能对其进行保存和发扬，因此对中药持有者的经济补偿可以使中药持有者更好地促进中药的发展，对中药进行专利权保护还可以产生其他的社会收益 P_2'。

（三）成本

中药专利权保护主体、客体及其保护期限的难以确定，必然会导致相应的确定专利权归属、范围、期限的成本增加，从而大幅增加专利权交易的成本 C_2 和维权的成本 C_3，使之较一般专利的成本更大。进一步地，由于使用中药的专利权费用的存在，必然提高利用这些中药的创新成本，从而产生阻碍创新的成本 C_4，以及由于逐利而降低创新质量的成本 C_5、减少受益人数的成本 C_6，虽然没有证据表明其高于一般的专利，但一般也不会低于一般的专利。所以，一般来说，对中药的专利权保护可能产生的成本较一般作品的专利权保护的要大。

（四）中药专利保护的经济学效应

综上可知，由于中药传统知识的属性，通过正常的专利权保护激励中药创新，产生符合普通专利要求的 P_2 的可能很小，就算对专利审查进行针对中药的专门解释，要产生相应的激励中药创新的作用尚需其他的措施相互配合才有可能。而对中药专利进行相对宽松的专利权申请审查可能产生替代的保存和发扬中药的 P_2'也存在不确定的危险，从而导致对中药实行专利权保护合理性的质疑。但是上述分析忽略了一个重要方面，即专利权持有者的直接经济收益 P_1。上面已经论述，虽然对社会整体来讲，P_1 实际上只是社会的一种转移支付，其必然对应着与其完全相等的社会成本 C_1，在不考虑不同群体的边际效用的情况下，对社会净福利 NP 的影响不存在。但是，在考虑到不同国家的情况下，净专利出口国 $P_1 - C_1 > 0$，从而可能导致社会净福利 NP 增加，而净进口国则 $P_1 - C_1 < 0$，导致社会净福利减少。而对于中药来说，由于中国在这方面相对其他国家具有明显的比较优势，而且前述的数据显示，中国在中药的国际贸易中属于净出口国，而发达国家则相反。因此，在世界范围内普遍实行专门针对中药的比较宽松的专利权保护的话，会使中国这样中药具有比较优势的国家的净福利增加，而发达国家的净福利减少。因此，总体上讲，大力提倡针对中药的专利保护有利于中国的总体福利水平的提高。

因此，采用现代专利权保护制度促进中药的发展是可行的，但是要使其起到明显的作用，必须对中药的专利审查过程采取不同于普通专利的方式。而且对中药专利持有主体，必须进行相应的持续创新能力的审查，保证对其进行专利保护能够达成促进中药创新的目的。就目前来讲,由于中药的传统知识的特性和现代专利制度对新颖性和创新性的要求,在中药的持有主体没有成长到具有较强的创新能力之前,对中药的专利审查采用不同于普通专利的审查方式是有必要的。从长远的角度,在中药的持有主体具有足够的能力之后,最终应当取消对中药专利审查的特殊对待,从而进入创新发展的良性循环。

第二节　专利权保护对中药消极影响的经济学分析

在中药的继承和发展的过程中,由于中药属于传统知识的属性,上述专利权保护对中药的积极作用虽然是中药知识产权保护努力的主要方向,但重视专利权对中药保护的消极作用并采取相应措施避免这种消极作用同样非常重要。所谓专利权对中药保护的消极作用,主要是针对中药专利的剽窃行为。因为中药的相当部分并没有进入专利在先技术的检索系统,从而导致某些主体能够剽窃这些中药知识,获得相应的专利。其造成的经济影响如下所述。

一、中药专利剽窃的整体经济效应

对于社会总体福利而言,社会净福利 $NP=P(P_1,P_2,P_3)-C(C_1,C_2,C_3,C_4,C_5,C_6)$,中药剽窃行为由于不存在真正的创新,因此对其授予专利不会产生任何促进创新的社会收益,即 $P_2=0$。而在正常的专利产生的成本 C_1,C_2,C_3,C_4,C_5,C_6 之外,对中药剽窃行为授予专利还会产生鼓励类似剽窃,抑制创新的成本 C_7,以及此种专利授予之后,中药的创新和发展受其权利的制约而产生的成本 C_8。当然,剽窃者也可能在获得专利收益 P_1 之后,在此基础上进行创新,但由于中药的传统知识的特性,在缺乏相应的文化背景和族群知识的情况下,其投入的效果要达到中药持有者的水平根本就不可能。也就是说,即使 P_2 为正,但 P_2-C_8 则肯定为负,而由于不存在真正的创新,因此社会上不会存在为达成此项创新而产生的重复投资,因此相应的重复投资的节约不存在,$P_3=0$。由于 $P_1=C_1$,社会净福利就会产生 $C_2+C_3+C_4+C_5+C_6+C_7+C_8$ 的净损失。因此,从社会总体福利的角度,中药剽窃的行为有百害而无一利,必须采取相应措施坚决制止。

二、中药剽窃对中药保护的消极影响

对于中药的创新和发展而言,中药剽窃行为则使本应由中药持有者获得的专利保护旁落,使其得不到应得的专利使用收益 P_1,从而使其缺少对中药保持和发扬的经济激励。由于很多中药持有者属于发展程度不高的族群,因此获得相应的经济激励是至关重要的,而且由于中药剽窃者相应的专利存在,中药持有

者要想在原中药基础上进行推广和创新均须取得专利所有者的授权，从而产生上述的成本 C_8。在得不到应有的收益 P_1，而且必须承担额外的成本 C_8 的情况下，考虑到相应的中药持有者均为发展程度不高的族群，其对中药的发扬和创新的能力必然受到极大的损害。在极端情况下，当持有者发现中药对其产生的收益为零甚至为负的时候，甚至可能抛弃此中药传承。因此，假如中药专利剽窃对社会福利整体只是产生相当大的损失，那么对中药本身而言，则极有可能是灭顶之灾。

综上所述，必须采取相应措施，彻底遏止中药专利剽窃的现象。一方面，需要在专利审查方面对中药采取特别的措施，鼓励符合条件的中药创新获得相应的专利保护；另一方面，由于中药传统知识的属性，因此绝大多数的中药要获得专利保护几乎没有任何可能，因此必须将重点放在中药的消极专利保护上，即保证相应的中药专利在先技术的地位。而要保证中药专利在先技术的地位，则须采取以下措施：一是要加强对现有的中药的整理和数字化，使之能由专利局方便地检索，从而避免由于专利局检索不到相应的中药而造成的中药剽窃专利；二是要制定相应的制度，对涉及中药的专利申请实行主动披露和知情同意制度①。

第三节　广州市中药专利权保护的现状

中药是我国传统知识的主要组成部分，而且对保证国民健康和促进经济发展都有着重大的意义，而专利权则是包括我国在内的现代知识产权保护体系的核心制度，两者对于社会的进步和经济的发展都有着非常重要的地位。然而，中药同专利权保护之间却有着不兼容现象的存在，虽然可以通过某些具体的法律措施尽量避免这种不兼容现象的消极影响，如对中药持有人以及新颖性在专利申请时的特殊对待，但仍然对现实中的中药专利权保护造成了严重的障碍。以下即以广州市中药专利权保护的相应数据证明这种障碍的存在。

一、广州市中药专利的相关数据分析

通过 soopat 专利搜索引擎，按照分类号为“A61P”，摘要为“中药”，申请地为

① 主动披露和知情同意制度，即要求涉及相应民族药的专利申请者必须主动披露其涉及的民族药信息，而且必须出具民族药持有者知道其被用于相应的专利申请并且同意申请者如此做的书面材料。在这样的制度下，即使相关民族药信息没有进入在先技术的检索系统，民族药专利剽窃者也直接违反了此规定，民族药持有者或者任何其他单位个人均可据此提出异议，撤销其相应的专利。

“广州市”,检索2005年初至2014年底申请的所有专利,一共为1 050项,其中发明专利1 045项,实用新型为5项。因为实用新型必须涉及产品的形状和构造,因此这5项实用新型均为有中药作为其技术组成部分或提到中药的医疗材料方面的专利。具体到每年的中药专利申请数量见表4.1。

表4.1　广州市2005—2014年中药专利申请数量及比例分布

年份	2005年	2006年	2007年	2008年	2009年	2010年	2011年	2012年	2013年	2014年
申请数	69	66	45	57	56	79	102	103	223	250
申请比例/%	6.57	6.29	4.29	5.43	5.33	7.52	9.71	9.81	21.24	23.81

从表4.1中的数据可以看出,近10年来广州市的中药专利数量有着以下两个鲜明的特点:一是绝对数量少,10年一共1 050项,平均每年仅100项左右,相对于广州市同期20 685件的专利申请总数,作为重要科技领域的中药产业专利申请绝对数量明显偏少;二是专利申请增长速度较快,从2005年的69项增长到2014年的250项,增长率将近4倍。尤其是2010年和2013年更是出现爆发性增长,分别比上一年度增长40%和100%以上。

二、广州市中药专利申请结构分析

通过以上同样的搜索过程,可以得到广州市中药专利申请居前十位的申请人,包括申请数量和申请比例,具体数据见表4.2。

表4.2　广州市2005—2014年中药专利申请前10位申请人列表

排名	1	2	3	4	5	6	7	8	9	10
申请人	禤燕华	广州市云桥生物科技有限公司	唐云峰	暨南大学	广州加原医药科技有限公司	广东养美医药投资有限公司	广州中医药大学	南方医科大学	中山大学	广东药学院
申请数量	100	66	50	41	39	33	26	25	25	25
申请比例%	9.01	5.95	4.50	3.69	3.51	2.97	2.34	2.25	2.25	2.25

从表4.2中的数据可以看出,近10年来广州市的中药专利申请以高校为最重要的申请主体。前10名的专利申请人中,高校占了5个,个人占2个,企业占

3个。这说明广州市的中药专利的主要拥有者为高校，而对于中药专利产业化最关键的企业却只有2个。

另外，从专利申请的客体来看，申请专利的主要是中药组方，缺少中药单体。这在全国中药专利申请中都是普遍现象。其原因有二：一是中药的用药方式一般都是药物配伍，单独用某一种药物的情况比较少见；二是中药的作用机理复杂，单体有效成分不仅难以识别，提取也很困难。虽然国际医药界对药物专利更加重视单体成分，而且对其保护也较严密，而中药组方专利很难得到国际范围内的专利保护，国家也一直鼓励中药单体的专利申请，但效果不明显。

三、广药集团专利权持有情况

到2013年底，广药集团共持有专利（586件），其中发明专利237件，实用新型25件，外观设计专利324件。影响比较大的中药发明专利有白云山复方丹参片专利系列、超临界二氧化碳萃取技术专利系列等。而涵盖了广州市中药产业的绝大多数制造和销售企业的广药集团，其2014年的总销售额达到了650亿元，是中国中药产业中的巨无霸。[①] 从这些数据可以看出广药集团专利权持有的几个特点：一是中药专利的绝对数量少，相对于其650亿元的年销售额，即使将其持有的586件专利全部算作中药专利，其专利的绝对数目明显偏少。二是具有产业化价值的中药专利少，主要的中药专利只有复方丹参片专利系列，而复方丹参片是从传统中药方剂发展而来，其并不具有排除其他厂家生产类似的复方丹参片的权利，从而达不到专利权垄断保护的效果，从而使其产业化价值大大降低。而其超临界二氧化碳萃取技术专利系列则是一种中药制造方法上的专利，虽然具有较大的产业化价值，但其并不是中药产业发展的核心，即中药本身的创新。三是中药专利对广药集团的发展产生的促进作用不大。同广药集团持有的中药专利产业价值普遍偏低相对应，中药专利权保护整体上对广药集团的发展所起的作用很小，白云山复方丹参片在市场上的成功，与其说是其获得了一系列的专利权保护，不如说是广药集团在此产品上的整体营销策略上的成功。

四、以上数据反映的问题

（一）中药达到专利申请要求的条件难度较大

广州市仅广药集团2014年销售额即超过650亿元，其中大部分为中药或与中药有关的产品，但其累计持有的专利仅586项，近10年广州市中药专利申请

① 本章有关广药集团的相关数据均来自广州医药集团有限公司企业网站，具体参见http://www.gpc.com.cn/news/about/gsjj.html，2015年7月22日15:00。

数量也只有 1 050 件，每年只有 100 件左右，每一专利对应的年销售额高达几亿元。中药属于我国占优势地位的产业，因此在整体技术上应当居于世界领先地位，但是反映产业技术能力的专利申请数量却明显与这一地位不符。[①] 这一事实表明，中药要达到专利申请要求的条件难度较大，很多在技术上居于世界领先地位的中药难以通过专利申请审查条件。对照之上中药专利保护的分析可以看出，中药由于其属于传统知识，具有持有主体的群体性和传承性，因此即使其在技术上处于领先地位，也很难达到专利申请的要求，从而难以获得相应的专利权保护。

(二) 中药专利申请高速增长的可持续性堪忧

从 2005 年到 2014 年广州市重要专利申请的数量来看，其增长速度还是非常客观的，但这种高速增长缺乏必要的法律支持和技术支持，其高速增长的可持续性堪忧。从 2005 年到 2014 年的 10 年间，中国并没有出台任何专门针对中药专利申请的新的法律规定，中药获得专利权保护的法律上的困难没有任何改变，而且广州市中药专利申请技术结构几乎一成不变的是以各种复方配伍的中药专利申请为主，其实质是对中药的传统验方进行细微的结构调整，在技术开发上并没有真正的突破性进展。在中药专利权保护的法律环境和技术基础均没有有利于其高速增长的变化出现的情况下，中药专利高速增长的可持续性是非常难以保证的。[②] 一方面，专利申请数量增长波动较大。从 2005 年到 2010 年的广州市的专利申请数量几乎没有出现真正的增长，在 2005 年达到一个专利申请数量的小高峰后，2006 年到 2009 年甚至一度出现负增长的局面，一直到 2010 年专利申请数量才超过 2005 年的水平。然后在 2010 年和 2013 年又分别出现 40% 和 100% 的爆发式增长。另一方面，已经进行了专利申请的中药项目，因为其以复方配伍为主，只需要对其配伍的某些成分进行功能性替换即可以规避相应的专利权保护，因此保护程度不高，起不到足够的激励创新的作用。[③] 如果不能改变中药专利申请波动较大且保护程度偏低的现状，其高速增长到底能持续多久，是非常不确定的事情。

---

① 参见陆冠儒：广州市中药企业专利保护现状与对策研究，广州：广州中医药大学，2014 年版。

② 参见史怡然，赵静，王一涛等：中药专利保护的难点分析及建议，中药研究与信息，2005 年第 4 期，第 37－40 页。

③ 参见杨莉，李野：关于中药专利保护特殊规则的探讨，我国药房，2006 年第 10 期，第 728－730 页。

（三）中药专利产业化前景堪忧

从表4.2中可以看出，广州市中药专利申请的最重要的主体并不是各大中药企业，数量申请前10名的主体中高校占了一半，药品企业只有2个，而且均不是占据广州绝大部分中药市场份额的广药集团旗下的企业。这一现象说明以广州市为代表的中国中药产业在专利开发和市场运营两者的结合上存在很大的问题，从而给中药专利的产业化前景产生很大的阻碍。一方面，这会增加中药专利产业化的成本。中药专利的持有人要使其利益最大化，必然寻求其专利的产业化。其产业化的途径只有自己开拓市场或者交易给其他市场开拓能力更强的主体两种方式。但是由于中药专利持有人和拥有强大产业化能力的中药企业脱节，因此其自身开拓市场实现产业化的能力是非常有限的，由其自身将其专利产业化需要的成本远远超过由中药企业将其直接投放市场的成本。而将其持有的专利交易给中药企业，则存在较大的交易成本，包括寻找交易对象、谈判以及移交等方面的金钱和时间成本。因此，目前的中药专利申请人同中药企业脱节的现象会导致其产业化成本的增加，从而对其产生不利影响。另一方面，中药专利对中药企业的发展并不具有决定性的作用。广州市乃至全国的中药企业虽然并不是中药专利申请的主题，但其近年来高速增长的现象说明，缺少中药专利并不能成为其发展的重要障碍。这既有中药企业研发力量不足的原因，也是由于实际产生的中药专利很少具有良好的市场预期，从而导致中药企业不愿意在此方面投放更多的资源。[①] 因此目前的中药专利申请状况，因为其不仅会导致产业化成本的增加，而且对中药企业的发展也没有起到重要的促进作用，其产业化前景堪忧。

（四）中药专利申请的结构不合理

从上述广州市中药专利申请搜索到的数据可以看出，中药专利申请大多集中于复方中药配伍方面，不利于对中药专利的保护。虽然这符合中药作用机理复杂、通过调和君臣佐使等多种药物的方式配置方剂的特征，但对于中药专利保护来说其结构却不尽合理。首先，中药复方制剂为主的中药虽然属于复方配伍，但其仍然存在主药和辅药之分，主药方面一般很难在传统方剂的基础上取得突破，因此很多专利申请只能在传统方剂的基础上对某些药物进行替代性修改。通过这样的方式取得的专利，很容易让其他人通过其取得专利权相似的手段，即修改复方配伍中某些药物的手段而规避相应的专利权保护。这样的专利不仅受

---

① 参见华鹰：中药标准化和中药专利保护与中药现代化，我国科技论坛，2006年第6期，第61－65页。

保护程度低，而且因为其药效并没有突破传统方剂的范围，因此其创新程度同样很低，因为其不具有典型创新具有的不可替代性，其可能产生的社会价值同样很低。[①] 如广州市白云山药厂拥有的“复方丹参片”专利系列，其基本药效同传统的“复方丹参片”并没有本质的不同，因此市面上同时存在很多种品牌的“复方丹参片”，如同仁堂生产的“复方丹参片”，这些“复方丹参片”因为在配伍方面都同白云山的“复方丹参片”从申请到专利的配伍有所区别，因此并不存在侵犯其专利权的问题，从而大大限制了这些专利可能产生的经济效益。正是因为复方配伍形式的中药专利存在受保护程度低、技术含量低、经济价值低等缺点，中药专利发展的方向应当是以提取中药有效单体成分，或者开发新的中药主药，寻找传统中药主药的新的药效为主，并在此基础上开发相应的复方专利群，才能有效地克服中药专利申请在结构上不合理的现状。

综上所述，广州市中药专利权保护在近年来已经有了长足的发展，其专利申请增长的速度足以说明中药专利权保护已经日益受到人们的重视。但其发展仍然存在很多方面的问题，如专利申请的绝对数量少，高速增长的可持续性前景以及产业化前景堪忧，专利申请的结构不合理等。尤其是作为广州市中药产业巨无霸的广药集团，其所持有的中药方面的专利比较有价值的仅仅只有“复方丹参片”专利系列，而且这一专利系列因为其技术进步程度不高等原因，并没有产生专利权保护应有的垄断市场的作用。因此，通过对广州市中药专利权保护现状的分析，一方面其高速增长的专利申请数量印证了中药专利权保护经济学分析得出的中药专利权保护有利于中药产业发展的结论，另一方面其存在的诸多问题也印证了中药专利权保护经济学分析得出的中药专利权保护需要克服其在创新上存在的困难的结论。因此，广州市中药专利权保护要想在现有基础上进一步发展，必须通过加大技术投入以及调整技术开发的方向和结构等方式，从而对广州市中药产业的发展产生有效的促进作用。

本章小结

专利权保护是社会同技术发明人之间的一种利益交换或者是利益权衡，即以赋予技术发明人专利权享有的独占利益以换取其所掌握的技术对社会的公开，从而使技术发明人和社会各取所需，达到促进社会总体进步的目的。经过相

① 参见马一德：以创新为动力谋求知识产权产业化发展，人民论坛，2015 年第 17 期，第 76 – 78 页。

应的经济学分析可知，专利权保护从总体上有利于社会总体福利水平的提高。而专利权保护虽然同中药存在种种不兼容的情况，但其并不排斥符合条件的中药受到专利权的保护。通过经济学分析，在对中药专利申请标准进行针对性的修改之后，对其实行中药专利权保护同样能促进中药的发展和创新。但是必须对中药知识进行剽窃获取专利的“生物海盗”行为进行坚决打击，否则中药的发展将面临无可挽回的损失。而对广州市中药专利权保护现状的分析，一方面其高速增长的专利申请数量印证了中药专利权保护经济学分析得出的中药专利权保护有利于中药产业发展的结论，另一方面其存在的诸多问题也印证了中药专利权保护经济学分析得出的中药专利权保护需要克服其在创新上存在的困难的结论。

第五章　中药品种保护的经济学分析

中药属于传统知识的主要组成部分，这一属性使其不可避免地具有传统知识持有主体的群体性以及获得方式的传承性。而现代知识产权保护体系要求知识产权持有主体的确定性以及保护客体的新颖性和创造性，因此与包括中药在内的传统知识存在兼容性上的难题。通过对中药专利权保护的经济学分析可知，以专利权为代表的知识产权保护虽然并不完全排斥对包括中药在内的传统知识的保护，并在一定的范围内也能对中药的发展起到相应的促进作用。但从目前的状况来看，以专利权为代表的知识产权保护对中药的发展能起到的作用非常有限，而且还存在由于对中药知识的专利剽窃而产生的负面作用。而这种情况产生的根本原因仍然在于以专利权为代表的现代知识产权保护体系在设计上同包括中药在内的传统知识之间存在的不兼容。针对现代知识产权保护体系对中药不兼容的现实情况，中国于1993年开始施行《中药品种保护条例》，根据中药的传统知识属性为其量身定做了被称为中药品种保护的特别权利制度。

《中药品种保护条例》创制的中药品种保护权的产生在很大程度上促进了中药产业的发展，并成为目前中药产业的主要知识产权保护方式。但是，《中药品种保护条例》是根据中药传统知识的属性量身定做的，其关注的是对已有的中药品种的保护，对其过度依赖在某种程度上会阻碍中药的创新和发展。[①] 对中药是否应当一直实行中药品种保护？应当在多大程度上对中药实行中药品种保护？中药品种保护在对中药的知识产权保护体系中到底应当处于什么样的地位？本章力图通过对《中药品种保护条例》及中药品种保护进行具体分析，并对其进行经济学研究来回答这些问题，并以中药品种保护对广州市中药产业发展的作用对此答案进行印证。

---

① 参见沈瑜：对我国中药品种保护现行制度的思考，中国药科大学学报，2011年第3期，第189－192页。

第一节 《中药品种保护条例》和中药品种保护

1993年施行的《中药品种保护条例》,是中国为中药保护建立某种量身定做的特别权利制度的重要尝试。

一、《中药品种保护条例》出台背景

1993年以前的《专利法》,考虑到医药对国民生命健康的重要意义,而且中国在现代医药创新方面远远落后于发达国家的实际状况,包括中药在内的药品发明没有被纳入可以申请专利权保护的范围,从而使中药的发展得不到这一现代知识产权保护体系中最重要的权利保护,导致仿制药流行。另外,根据《中药品种保护条例》实施前的原《药品管理法》,包括中药在内的药品同时实行国家和地方两种不同的标准体系,从而造成两者之间以及各地方标准之间经常性的不一致。尤其是各地的地方标准互相之间差异较大,导致按照这些标准生产的中药产品质量相差较大。以上两种原因相结合,再加上药品行政监督管理机制不健全,整个中药市场出现伪劣商品充斥,低质低价的无序竞争的混乱局面。尤其是针对某些疗效显著、口碑良好的传统中药,这种混乱现象更加严重。如1991年,牛黄解毒片有150多家药品企业生产,而复方丹参片则有140多家药品企业生产。[①]

为了规范中药市场,保证中药产品的质量,并在此基础上弥补1993年《专利法》修改之前中药得不到专利权保护的不足,促进中药产业的发展,国务院于1991年将中药品种的保护法规列入国家立法计划,1992年颁布《中药品种保护条例》,并于1993年1月1日正式实施。由《中药品种保护条例》产生的中药品种保护权是我国目前专门针对中药制定的唯一的专项知识产权保护制度,其在本质上属于行政保护的一种,是我国中药知识产权保护发展过程中的里程碑。

二、中药品种保护的性质

中药品种保护作为目前中国对中药量身定做的权利保护措施,学界对其是否作为知识产权的一种,或者是否应当作为一种独立的知识产权形式存在着一定的争议,这些争议主要集中在以下两方面:

---

① 参见李先元:我国中药知识产权保护制度的研究,沈阳:沈阳药科大学2008年硕士论文。

（一）中药品种保护是否为知识产权的一种

以专利权为代表的知识产权最重要的特征是法律赋予其持有人一定时期的独占权，并且其能给持有人带来一定的经济价值，从而具有财产性。因此，衡量中药品种保护是否为知识产权的主要标准之一是中药品种保护的权利拥有人是否拥有相应的独占权利。一些学者认为，根据《中药品种保护条例》，被批准保护的中药品种在保护期内只能由获得中药品种保护证书的企业生产，因此被赋予了某种事实上的独占权利，而且其在制度设计上使这种权利具有知识产权中的商业秘密的不公开性。无论是法律赋予的独占权利还是其不公开的特点，都能给持有人带来相应的经济利益。中药品种保护拥有知识产权最重要的独占性和财产性的特征，毫无疑问应当属于知识产权的一种。但是另外有一些学者则认为，虽然只有获得中药品种保护证书的企业才能对相应的中药品种进行生产，但法律并不排斥其他符合条件的企业获得同一保护品种的证书从而获得相应的生产资格，因此中药品种保护并不具备法定的垄断性；而且中药品种保护权的持有人并不能将此权利进行转让，不符合财产权可交易的特性。因此中药品种保护权利并不具备知识产权的独占性和财产性这两大主要特征，其只是一种对中药的行政保护措施，并不属于现代知识产权的一种。①

本书认为，中药品种保护权利虽然存在某些同其他知识产权不相同的地方，但其归根结底仍然属于知识产权的一种。首先，从立法者的意图来看，其将中药品种保护看作同其他知识产权保护类似的保护措施。如《中药品种保护条例》第二条第二款明确规定，申请专利的中药品种，依照专利法的规定办理，不适用本条例。可见，立法者将中药品种保护权利同属于知识产权的专利权放在类似的位置上。其次，虽然持有同一中药品种保护证书的企业根据法律的规定可以同时有多个，但总体上来讲，具备这一生产资格的企业数量是非常有限的，实际上可以认为这几家共同持有某一中药品种保护权利，事实上包括专利权、商标权等公认的知识产权这种共同持有的情况相当普遍，从这种意义上讲，可以认为是由这几家企业共同享有相应的独占权利。再次，可转让性虽然是财产的一个普遍特征，但并不是其必要特征，很多财产的转让性都受到很大的限制，比如土地所有权在中国就禁止自由转让。财产性的必要特征是能使拥有人获得利益，而中药品种保护权利明显具有这一特征。最后，中药品种保护权利的行政保护特征同其知识产权属性并不矛盾，行政保护只是中药品种保护权利实现的一种方式。因此，中药品种保护权利完全具有知识产权的独占性和财产性的特征，属于

① 参见徐文：对中药知识产权与中药品种保护的探讨，中国生化药物杂志，2014 年第 1 期，第 161－162 页。

知识产权的一种。

(二)中药品种保护是否应当作为商业秘密保护的一种

一些学者认为,中药品种保护的实质是商业秘密保护的一种。尤其是其规定的一级保护的中药品种,其处分组成、工艺制法在保护期限内不得对外公开,将其视之为技术秘密,并由《中药品种保护条例》对其提供相应的行政保护。这实际上是将原本由企业掌握的秘密上升为国家秘密,由国家通过行政立法的手段将其纳入国家法律的保护范围。但实际上,《中药品种保护条例》中规定的对中药品种保护的权利,其内容最重要的并不是对中药品种保护权利持有企业的相关技术秘密的保护,而是对同一种药品事实上的生产垄断权,其保护范围比商业秘密要大得多。因此,商业秘密保护只是中药品种保护具有的特征之一,其本身并不属于商业秘密保护的一种,而是独立的知识产权保护类型。

作为促进中药产业良性发展,为中药保护量身定做的知识产权保护措施,中药品种保护已成为国内中药生产企业保护相关中药的主要手段。1993 年之前,中国几乎不存在销售过亿的中药生产企业,而截止到 2005 年底,即有 45 个获中药保护的单一品种销售额超过亿元,6 个超过 5 亿元,3 个超过 10 亿元。在全国中药企业 50 强中,45 家都有中药保护品种。[①] 中药保护品种销售额的高速增长,虽然与国民经济发展的速度密切相关,但毫无疑问,中药品种保护制度在其中起到了非常重要的作用。

第二节 中药品种保护的经济学分析

虽然中药品种保护对中国中药产业的发展带来了相当大的促进作用,但是,评价某种知识产权保护制度的好坏,不能仅仅站在被保护方的立场,而必须考虑其对社会总体福利的影响。下面即从经济分析的角度对中药品种保护制度做一详细的分析。

一、中药品种保护的经济结构分析

用 NP 表示社会净福利,用 P 表示中药品种保护带来的收益,用 C 表示中药品种保护带来的成本,则 $NP = P - C > 0$,社会总体福利增加,中药品种保护才有

---

① 以上数据参见郝明虹:换一个视角看中药品种保护,中国中医药信息杂志,2008 年第 2 期,第 4 – 6 页。

意义。

(一)收益分析

实行中药品种保护的收益,首先是中药品种保护给中药生产企业带来的经济利益,这里用 P_1 表示。但是这种利益对于整个社会来讲,只是一种转移支付,在不考虑不同人群的边际效用不同的情况下,对于社会整体福利没有影响。然后,中药品种保护最大的收益是由于中药品种保护带来的垄断利益导致的中药质量的提高以及创新的增加,从而导致社会福利的增加,这里用 P_2 表示。最后,还有此种保护赋予的垄断权减少的社会上的重复投资带来的节约,这里用 P_3 表示。因此,实行中药品种保护的总收益 $P = P_1 + P_2 + P_3$。

(二)成本分析

实行中药品种保护,社会需要付出的成本包括以下部分:首先是与中药品种保护给中药生产企业带来的经济利益相对应的社会支出,这里用 C_1 表示。对于社会整体来讲 C_1 同 P_1 相等,$C_1 - P_1 = 0$。然后是社会为了中药品种保护的实现而产生的各种交易成本,这里用 C_2 表示。由于中药品种保护的主要是已有相应中药品种生产的既得利益者,其产生的作用主要是阻止新的生产者进入,因此受保护的中药品种权利的交易虽然法律也有提到,但实际上几乎不存在,因此这一成本很小。惩罚相应的侵权会产生相应的执法成本,这里用 C_3 表示。由于中药品种保护增加了新生产者进入这一领域的成本,会导致一定程度的垄断,从而减少行业竞争,减少了相应品种中药的供给,会使社会产生一定程度的净损失,这一成本用 C_4 表示,这一成本对于新进入者影响尤其大。由于中药品种保护带来的可观经济利益,中药生产商会更大程度倾向于谋求已有的中药品种获得此等保护,从而忽视作为行业持续发展的根本,即中药的创新,给社会福利带来负面的影响,这一成本用 C_5 表示。最后,由于中药品种保护导致可获取受保护的中药品种的人数减少,从而导致的成本,这里用 C_6 表示。因此,实行中药品种保护产生的总成本 $C = C_1 + C_2 + C_3 + C_4 + C_5 + C_6$。

(三)成本收益权衡

社会净福利 $NP = P(P_1, P_2, P_3) - C(C_1, C_2, C_3, C_4, C_5, C_6)$。由于 P_1 和 C_1 整体上相等,因此要使 $NP > 0$,就必须保证 $P_2 + P_3 > C_2 + C_3 + C_4 + C_5 + C_6$。由于 P_1 即权利持有人的收益比较直观,而激励创新的收益 P_2、重复投资节省的收益 P_3、交易成本 C_2、维权成本 C_3、阻碍创新的成本 C_4、创新质量降低的成本 C_5、受益人数减少的成本 C_6 则难以取得准确的统计数字,容易受评估人的主观影响。在一个以资本导向的社会,容易出现夸大 P_2,P_3,而缩小 $C_2 - C_6$ 的数值的倾向,因此最终的社会净福利 NP 有可能被高估,从而出现社会净福利 NP 实际上为负数,而立法者仍然以为其为正而继续实行中药品种保护的可能。和专利保护一样,这也是中药品种保护应当注意的地方。同专利权保护相对照,因为 P_2 即中药生产厂家的垄断收益导致的中药质量提高和创新增加的收益在一定条件下可能大于专利权保护对中药发展和创新的促进作用带来的利益,而中药品种保护权利实施产生的其他收益和成本都同专利权类似,在没有证据证明两者存在明显差异的情况下,可以认为其相对数额也差不多。因此,在对中药实行专利权保护能增加社会总体福利的情况下,实行中药品种保护同样能增加社会总体福利,即 $NP=P(P_1,P_2,P_3)-C(C_1,C_2,C_3,C_4,C_5,C_6)>0$。

二、中药品种保护期限的经济学分析

上述收益和成本随着时间的推移,和专利权的保护类似,会出现边际收益递减和边际成本递增的情况。随着中药品种保护时间的延长,受保护的中药品种生产厂商提高产品质量的可能性逐渐变小,中药的持续发展会越来越依赖于真正的创新激励即专利权的保护,而不是保护既有中药品种的中药品种保护权,从而导致实行中药品种保护权给社会带来的 P_2 逐渐降低。与此同时,随着受中药品种保护的中药生产的日益发展,如上所述,除了类似于专利保护延长带来的交易成本 C_2、维权成本 C_3 会逐渐递增之外,受保护中药品种单一销售额超亿元的会越来越多,其垄断对社会有效供给的压制成本 C_4 以及价格提高带来的受益者减少的成本 C_6 同样会越来越高。这意味着中药品种保护像专利保护一样,达到一定的年限之后,如果不终止相应的保护,就可能出现社会净福利 $NP<0$ 的情况,而且随着保护时间的继续延长,社会净福利的损失会越来越大。中药品种保护随着保护期的增长产生的经济效应如图 5.1 所示。

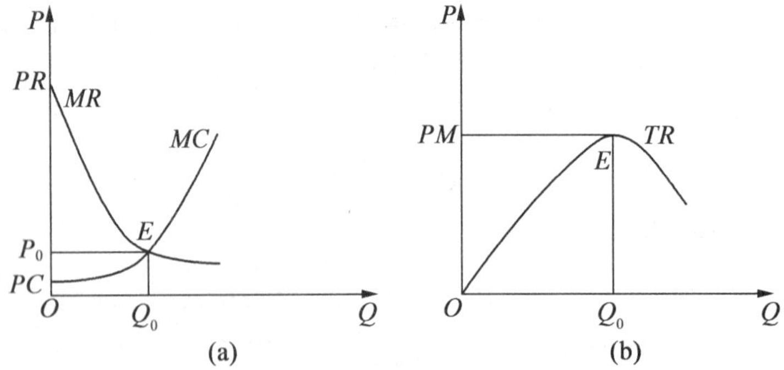

图 5.1　中药品种保护期限的预期效用函数线性模型

图 5.1 中,Q 轴表示中药品种保护期限,P 轴表示维护中药品种保护的成本或收益。

从图 5.1(a)中可以看出,随着中药品种保护的保护期限 Q 的增加,代表相应中药品种保护的保护期限延长需要的社会成本(或社会投入)的边际成本曲线 MC 不断上升,即边际成本递增,而代表中药品种保护的保护期限的延长产生的社会收益(或社会效益)的边际收益曲线 MR 则不断下降,即边际收益递减。也就是说,随着中药品种保护的保护期限的延长,每提高一单位中药品种保护的保护期限需要投入的社会资源越来越多,而产生的社会效益越来越少。[①] 只要曲线 MR 在曲线 MC 之上,那么,每提高一单位中药品种保护的保护期限产生的社会效益就大于其需要的社会投入,社会福利就会增加。只要曲线 MR 在曲线 MC 之上,随着中药品种保护的保护期限的提高,社会总福利会持续增加,一直到曲线 MR 与曲线 MC 相交于 E 点,此时的中药品种保护的保护期限为 Q_0。达到 Q_0 后继续增加中药品种保护的保护期限,由于曲线 MR 位于曲线 MC 之下,此时每提高一单位中药品种保护的保护期限需要的社会投入已经超过其产生的社会收益,社会总福利水平不升反降。因此,社会总福利水平在中药品种保护的保护期限为 Q_0,曲线 MR 和曲线 MC 相交于 E 点时达到最大,此时每提高一单位中药品种保护的保护期限需要的社会投入和产生的社会效益刚好相等,均为 P_0,将中药品种保护的保护期限提高到 Q_0 产生的总的社会福利增加值为 $PREPC$ 所组成的三角形区域。假设将中药品种保护的保护期限在 Q_0 的基础上继续提高,则社会会在中药品种保护的保护期限为 Q_0 时达到最大化的社会总福利水平的基础上,产生相当大的损失。

从图 5.1(b)中可以看出,随着中药品种保护的保护期限 Q 的增加,代表社会净收益水平变化的曲线 TR 最初不断上升,一直到最高点 E,此时对应的中药品种保护的保护期限为 Q_0,社会净收益达到最高值 PM。中药品种保护的保护期限超过 Q_0,社会净收益反而不断下降。

综合图 5.1 的分析可知,适当期限的中药品种保护能促进社会总体福利的增加,过长和过短的中药品种保护都会损害社会总体福利水平。

因此,总体上来讲,对中药实行中药品种保护有利于社会总体福利水平的增加,因此对其实行这种权利保护从经济上来讲是合算的。但是,对其保护必须控制在适当的期限之内,过长过短的保护期限都会对社会总体福利水平造成损害。

---

① 比如将中药品种保护期限从 10 年提高到 11 年所需要的社会投入肯定小于将中药品种保护期限从 70 年提高到 71 年所需要的社会投入。但是,将中药品种保护期限从 10 年提高到 11 年产生的社会效益却肯定要大于将中药品种保护期限从 70 年提高到 71 年所产生的社会效益。

第三节 中药品种保护在实践中存在负面经济效用

中药品种保护从整体上来讲,无论是从理论还是实践的角度对中药产业的促进作用都是毫无疑问的,为中国近年来中药产业的高速成长做出了不可或缺的重大贡献。但是,中药品种保护权利在具体实践中却由于具体法律规定存在的问题,对中药产业的发展产生了一定的负面经济效用,具体表现如下所述。

一、过长的保护期

根据《中药品种保护条例》第十二条和第十五条的规定,授予中药品种保护持有人的相应权利的期限,一级保护品种分别为 30 年、20 年、10 年,二级保护品种为 7 年,而且都可以延期。其法定平均保护期限远长于专利权提供的 20 年、10 年的保护。这种过长的保护期一方面会因为法定的垄断效用而导致竞争的缺乏,阻碍药品价格的降低,从而降低其总体的社会效益。另一方面,这种过长的保护期直接违反了 TRIPS 协议关于知识产权最长保护期的规定,对于已经加入 WTO 的我国来说,这种对于 TRIPS 协议的违反可能导致利益受损的国家相应的报复,不利于中药产业的国际化发展。最后,中药品种保护超过专利权保护的期限,而且《中药品种保护条例》规定已经进行了专利申请的中药品种不得重复申请中药品种保护,会损害相关主体申请中药专利的积极性,从而对中药专利权保护产生替代作用,阻碍了中药专利权保护促进中药创新的作用,最终对中药的可持续性发展产生负面的经济效用。

二、不利于中药产业的可持续发展

近年来中药产业的高速增长表明,中药品种保护对于中药产业的初期发展有着非常明显的促进作用。但是,对于中药产业的可持续发展来讲,中药品种保护却存在很大的负面经济效用。

(一)对中药创新的损害

创新是任何企业可持续发展的必备要素,但是中药品种保护并不将创造性和新颖性纳入取得权利的必要条件,进入共有领域的现有技术和非创新药物也可以得到保护,尤其是多个企业都在生产的中药同品种保护问题更多,同品种基本上属于公知技术,所有企业都有权无偿使用。这无疑会引导中药企业投机取巧,不愿再花费巨大的人力、物力和资金去研究开发新药。相关企业并不需要创造任何智力成果即可以享受中药品种保护的利益，这虽然有利于对于作为传统知识组成部分的中药的保护，但却会使企业忽略对其可持续发展更为重要的创新方面的投入，而且由于其提供比专利权保护更长的保护期限，从而使专利权保护对创新的促进产生了很强的抑制作用。因此，对中药品种保护权利的过度依赖必然导致企业创新动力的降低，从而对其可持续发展产生负面的经济效用。

（二）对境外企业的歧视

中药品种保护的持有主体为中国境内生产制造中药品种的企业，而将境外企业排除在这种保护之外。将保护对象限定于“在中国境内生产制造”，这不符合 TRIPS 协议规定的“不应因发明地点、技术领域以及产品是进口还是本国生产的不同而受到歧视”的“不歧视”原则，以及《巴黎公约》和 TRIPS 协议规定的国民待遇原则。对境外企业的这种歧视性待遇虽然能在一段时间内对国内企业起到一定的保护作用，但随着企业的发展壮大，国内市场日趋饱和，走出国门是中药企业可持续发展的必然选择，但是在我国法律对境外企业实行歧视的情况下，很容易导致其他国家的对等报复，从而对企业的可持续发展产生负面经济效用。

（三）与《药品管理法》相冲突

根据《中药品种保护条例》第十八条规定，若某企业申请并获得某个中药品种的《中药品种保护证书》，而正在生产同品种中药的其他企业也必须在 6 个月之内申请该中药品种的保护，否则将撤销或中止该中药品种的批准文号的效力。这也是变相逼迫企业申请中药品种保护或延长保护以维持中药品种的批准文号的效力，这也有违现代企业自主经营、自我发展的基本原则。药品的批准文号是依据《药品管理法》的要求，经药学和临床相关试验并经新药审评专家委员会审评后获得。仅因为申请或未延长中药品种保护就撤销该中药品种的批准文号，剥夺《药品管理法》赋予企业的生产和销售的权利，直接同《药品管理法》相冲突。这种强制要求企业申请中药品种保护条例的规定，不仅违背了《药品管理法》的一般规定，而且增加了不愿意在规定期限内申请中药品种保护权利的中药生产企业的负担，从而产生相应的负面经济效用。

（四）保护范围狭窄

虽然《中药品种保护条例》在某种意义上将中药品种保护权利作为专利权的一种替代权利，并且规定了比专利权更长的平均保护期限，但是其对中药的保护范围却远远不及专利权保护，从而使其实际保护力度也同专利权保护存在很大差距。首先，和专利权对产品本身及其制造方法乃至产品外观提供的全方位保护不同，中药品种保护提供的是对中药品种的保护，其保护客体局限于中药品种，而对处方、制造方法和技术及其他中药资源并不提供保护。其次，其他企业只需要绕过相应的受保护的中药品种，在剂型、名称上进行毫无技术含量的改变，即可以申请新的中药品种保护，从而使其实际上的保护力度远不及专利权保护。中药品种保护在保护范围上的缺陷，必然对其存在的经济效用产生相应的负面影响。

因此，中药品种保护由于保护期限过长、忽视创新、对境外企业实行歧视待遇、与《药品管理法》冲突、保护范围狭窄等原因，造成了中药品种保护企业对市场的过度垄断、不利于其可持续发展，而且为某些企业增加了不必要的负担和实际保护作用有限等负面经济效用。

第四节　中药品种保护和中药专利权保护的经济效用比较

中药品种保护虽然对中国中药产业的发展起到了很大的促进作用，但由于上述的负面经济效用的存在，很多学者认为着眼于中药产业的长远可持续发展，应当限制甚至取消中药品种保护，而采取相应的法律和经济措施促使中药企业加大对产品创新的研发投入，将对中药产业的保护由现在的中药品种保护为主转变为以专利权保护为主。在决定这种建议是否合理之前，有必要对中药品种保护和中药专利权保护的经济效用进行详细的比较。

一、两者促进经济增长的效用比较

无论是中药品种保护还是专利权保护，其最终目的都是促进经济增长，提高社会总体福利水平，但两者产生作用的机制是不同的。

中药品种保护主要着眼于对目前已有的中药生产能力的整合和最优化，通过中药品种保护权利的赋予使相关企业取得相应的市场垄断甚至是独断的权利，从而保证市场资源向高资质的中药生产企业倾斜，使其获得更快的增长速度和更高的利润率，在此基础上使中药产业不断发展壮大。因此其能在一定程度上提高中药产品的平均质量，并通过推动具有资源优势的中药企业做强做大的方式促进中药产业的发展，从而起到促进经济增长和社会总体福利水平提高的作用。

专利权保护对中药实行的是普通的知识产权保护，其通过赋予发明创造者独占的专利权的形式，换取其对社会的技术公开。一方面，专利权通过给予发明创造者一定时间内独占市场的权利从而取得丰厚的回报，激励其产生更多的发明创造;另一方面,专利权通过对相关发明创造的技术公开,可以使其他人员更早地获得相应的技术信息,并在此基础上进行进一步的发明创造,而且在专利权到期之后,这些技术信息更是直接进入公有领域可以为任何人无偿使用,克服了技术秘密由于不为公众知悉从而对科技进步的阻碍作用。因此,专利权保护在中药产业的运用可以起到相应的对中药创新的激励作用,从而对其可持续发展起到至关重要的支持作用,并通过促进中药的技术进步来促进经济增长和社会总体福利水平的提高。

因此,中药品种保护和中药专利权保护两者保护的对象虽然都包括中药产品,但中药品种保护表现为国家对高资质的中药生产企业的政策扶持,而专利权保护则表现为对中药技术进步的利益激励。

二、两者对中药的保护存在问题的比较

中药品种保护和专利权保护都存在通过法律制造人为的市场垄断的问题,而两者之所以存在,是因为社会在付出市场垄断的代价之后能够获得相应的利益。但是,两者在获取法律意图取得的这些利益的过程中,都存在妨碍这些利益实现的相应的问题。

中药品种保护实施的目的是规范中药市场并提高中药产品的品质,从而提高具有高资质的中药生产企业的竞争力。这在中国中药市场伪劣产品充斥、市场混乱、中药企业普遍竞争力不强的 21 世纪初是很有必要的,而且中药品种保护实施的初期也证明了这一为中药量身定做的保护措施的有效性。获得相应中药品种保护的生产企业迅速发展壮大,中药市场的主要份额均为这些企业所瓜分,中药产业崛起了一大批如北京同仁堂、广药集团等中药产业的巨无霸。但是,随着中药产业的发展,中药市场几乎已经被这些高资质的企业瓜分完毕,其现在不是需要提升市场竞争力的问题,而是出现了对市场的过度垄断而导致药价虚高而损害社会福利的问题。除了垄断导致的负面经济效用外,由于中药品种保护不以技术创新为要件,拥有比专利权更长的保护期并且排斥专利权保护,使中药企业对中药品种保护产生过度依赖,从而使中药企业缺乏创新的动力,从根本上损害了中药企业可持续发展的能力。

专利权保护则因为其要求的创造性和新颖性同属于传统知识组成部分的中药具有的传承性不兼容,因此具有传统知识属性的中药很难达到专利权保护的要求,在现实中专利权对中药发展起到的保护作用很小,因此其在此方面几乎没有起到促进经济发展的作用。但是,中药的持续发展壮大,在其传统知识的基础上进行相应的创新是其根本出路。随着中药产业的日益发展壮大,专利权保护必然会在促进中药创新方面起到越来越重要的作用,中药专利权保护对经济发展的促进作用必然越来越显著。

综上所述,中药品种保护着眼于促进基础薄弱的中药产业的发展壮大,并在其实行的过程中起到了对中药产业发展的中药扶持作用。而中药专利权保护则着眼于中药产业的长期可持续发展,对目前缺乏创新能力的中药产业起到的激励作用不大。但随着中药产业的发展,中国中药产业已经发展到了相当的高度,中药品种保护权对中药产业的扶持已经逐渐丧失了现实意义,而过度扶持导致的市场垄断的副作用却日益显现。[①] 因此,从长远来看,确实有必要采取措施逐渐限制中药品种保护所起的作用,而使专利权保护成为促进中药产业发展的主要激励机制。

第五节　广州市中药品种保护的经济学分析

如果说广州市中药专利申请数量最多的主体为各大高校的话,广州市中药品种保护权的持有主体却基本上全部为广药集团旗下的相关制药企业。这种持有主体上的较大差异一方面是因为《中药品种保护条例》规定中药品种保护权利的持有主体只能是中药生产企业,另一方面也是因为中药企业真正重视的是中药品种保护权利而不是中药专利权。以下即对广州市中药品种保护的现状进行相应的经济学分析。

一、广州市中药品种保护的现状

广州市的主要中药企业均属于广药集团旗下,中成药和植物药等中药作为广药集团的核心产品,其对专门用来保护中药产业的中药品种保护权非常重视。通过多年的努力,广药集团的主要中药产品几乎均获得了中药品种保护权的保护。根据广药集团自身的统计,其到 2013 年底,拥有国家中药保护品种 71 个,中药独家生产品种多达 31 个。在中药品种保护权的促进下,这些获得中药品种保护的中药产品不仅成了广药集团的重点产品,而且以其优良的质量和富有竞争力的价格,形成了"广药"良好的品牌形象。[②]

---

① 参见汤瑞瑞,卞鹰,王一涛等:《中药品种保护条例》和专利对中药保护的关系探讨,时珍国医国药,2009 年第 5 期,第 1291 – 1293 页。

② 本章有关广药集团的相关数据均来自广州医药集团有限公司企业网站,具体参见 http://www.gpc.com.cn/news/about/gsjj.html,2015 年 7 月 22 日 15:00。

二、中药品种保护对广州市中药产业的经济意义

从上述广州市中药品种保护现状的相关资料中,可以发现其确实对广州市中药产业的发展起到了重要的促进作用,这些促进作用产生的原因是中药品种保护赋予药品生产企业的市场垄断权。

(一)促使受保护的产品成为产业发展的重心

根据上述广药集团中药品种保护现状的数据可知,广药集团的主要中药产品均获得了中药品种保护权的保护。在中药品种保护权的作用下,相关中药产品必然由此获得相应的市场竞争上的优势,相对于其他未获得中药品种保护的中药产品而言,可以使广药集团获得更多的收益。这种更高的收益率促成了广药集团在发展策略上向获得中药品种保护尤其是获得独家生产品种保护的中药品种倾斜,最终使受保护的中药产品成为广药集团乃至整个广州市中药产业发展的重心。

(二)事实上对市场的垄断

在广药集团拥有的 71 个国家中药保护品种中,独家生产的品种就有 31 个。这对广药集团来说,意味着有 40% 以上申请到中药品种保护的中药品种,其在市场上享有排他性的独占权利。而对于其他不具有独占生产权利的 40 个中药保护品种,由于国家一般只批准有限的几个厂家享有相应的中药品种保护权利规定的生产权,因此其也享有对这些中药产品的一定程度的垄断权利。这种对中药品种保护下的中药产品在事实上的市场垄断甚至是独占的权利,无疑能在很大程度上保证享有这些权利的广药集团在市场上获得可观的垄断利润,从而使其获得丰厚的经济效益。这不仅证明了中药品种保护在实践中同样具有其他知识产权保护所具有独占性,而且其对持有人能产生相应的经济效益,具有财产性的特征也是毋庸置疑的。

三、中药品种保护对广州市中药产业发展的负面经济效用

中药品种保护虽然在整体上极大地促进了广州市中药产业的高速发展,但是其对广州市中药产业发展的负面经济效用同样可以在相关资料中找到相关证据。

(一)对中药创新的阻碍作用

与上述资料显示的中药品种保护对广州市中药产业的发展起到了重要的促进作用相反,中药专利权保护在广州市中药产业的发展中起到的作用却乏善可

陈。据相关资料显示,到2013年底,广药集团共持有专利586件,其中发明专利237件,实用新型25件,外观设计专利324件。其中中药产品方面比较有影响的只有白云山的复方丹参片专利系列,而且其对广州市中药产业所起到的促进作用没有任何数据能予以证明。这一方面显示了中药品种保护比专利权更适合广州市乃至全国中药产业的保护和发展,但另一方面也显示出中药品种保护权利对中药专利权两者之间存在很强的替代作用。在现在专利权促进中药发展的经济作用不明显的情况下,中药专利权保护的空间在很大程度上遭到中药品种保护的侵占。在中药品种保护能起到专利权保护同样的甚至更多的促进经济发展的作用的情况下,这种侵占作用在经济学的意义上是符合资源有效配置的。但事实上,由于中药品种保护权利并不以新颖性和创造性为取得权利的要件,因此并不具有专利权保护激励创新从而促进经济发展的作用。因此,广药集团对于中药品种保护的过度依赖,虽然在短期内促进了其相关中药产品的高速增长,但其在关系到长期可持续发展的中药专利创新方面的表现却成绩平平,长此以往,必然对广州市的中药创新起到很大的阻碍作用,从而对其可持续发展产生相应的负面经济效用。

(二)造成广州市中药产业的过度垄断

广州市中药产业最大的特点是广药集团一家独大,几乎垄断了广州市的整个中药产业。虽然造成这种现象的原因有很多,但作为一家以生产中药产品为主的大型集团,其在广州市中药产业拥有目前的垄断地位很大程度上应当归因于国家实行的中药品种保护。中药品种保护权利确保了广药集团在其经营范围内的市场垄断甚至是独占权利,从而通过法律的规定强制性地排除了可能的竞争对手的出现,而其他不具备相应的中药品种保护权利的竞争对手则要么从市场中被驱除,要么接受被兼并的命运。因此,中药品种保护权利的设置,虽然一定程度上起到了规范中药产业的作用,但也制造了人为的垄断,甚至出现广州市中药产业广药集团一家独大这种过度垄断的现象。对市场的过度垄断产生的负面经济效用是非常严重的,其最直接的作用是因为竞争的缺乏从而提高了产品的价格,在现实中的表现就是目前成为社会热点问题的虚高的药价。一方面中药产品价格的提高会使消费者不得不付出更大的代价,另一方面则因为价格的提高会缩减社会的有效需求,从而减少了消费者获得相应产品的可能,最终导致资源配置的无效率,对社会总体福利水平造成严重的损害。

本章小结

通过上述分析以及实施中药品种保护的实践证明,中药品种保护对中药的发展和社会的进步确实起到了重要的作用。但是中药品种保护给社会带来的成本不仅客观存在,而且随着时间的推移,这一成本会越来越高。因此对中药的中药品种保护必须注意期限的适度,而不是越长越好,以免过犹不及。由于中药品种保护是出于中药发展基础薄弱、难以同现代化的西医西药抗衡的现状而实行的一种产业保护扶持政策,其不可避免地会同现代专利鼓励促进创新的目的冲突,对专利制度产生替代效应,从而在一定程度上抑制中药的创新,从根本上损害中药的长远发展。另外,中药品种保护属于中国国内对中药实行的知识产权保护,和世界各国普遍实行的专利保护制度不同,不能得到任何其他国家的认可,保护范围有限,对中药的国际化会造成很大的影响。中药品种保护只针对中药品种进行保护,并不涉及其他方面,保护范围狭窄,而且只要符合条件的生产厂家均可就同一品种申请保护,保护力度也不及专利制度。因此中药品种保护在目前不失为一种促进中药发展的有效的制度,但在中国,应在中药的现代化真正实现,已经完全具备同西医西药正面竞争的能力时,坚决取消这种保护,而代之以统一的专利制度保证其可持续创新发展。

第六章 中药商标权保护的经济学分析

商标权保护虽然同专利权保护同属现代知识产权体系的主要组成部分，但对于中药的知识产权保护来讲，其并不像专利权保护那样对中药存在创新方面的要求，而且通过集体商标的制度有效地解决了中药作为传统知识存在持有主体群体性的问题。因此商标权保护并不像专利权保护那样与中药存在难以兼容的矛盾，对中药实行商标权保护不存在难以克服的困难。

正是因为商标权与中药存在良好的兼容性，对中药实行商标权保护已经成为中药产业普遍实行的产业化战略之一。本章的主要目的，即通过对中药商标权的经济分析，明确不同的商标权保护制度对中药发展可能产生的影响，并以广州市中药商标权为例证，说明这些影响在现实中的具体表现。

第一节 商标和商标权

在对中药商标权保护进行经济学分析之前，有必要对商标和商标权的概念和作用做一简单概述。

一、商标的概念和作用

根据《中华人民共和国商标法》第八条的规定，“任何能够将自然人、法人或者其他组织的商品与他人的商品区别开的标志，包括文字、图形、字母、数字、三维标志、颜色组合和声音等，以及上述要素的组合，均可以作为商标申请注册。”根据这一法律规定，可以对商标进行如下定义：商标是商品的生产者、经营者在其生产、制造、加工、拣选或者经销的商品上或者服务的提供者在其提供的服务上采用的，用于区别商品或服务来源的，由文字、图形、字母、数字、三维标志、声音、颜色组合，或上述要素的组合，具有显著特征的标志，是现代经济的产物。在商业领域而言，商标包括文字、图形、字母、数字、三维标志和颜色组合，以及上述要素的组合，均可作为商标申请注册。经国家核准注册的商标为“注册商标”，受法律保护。商标通过确保商标注册人享有用以标明商品或服务,或者许可他人使用以获取报酬的专用权,而使商标注册人受到保护。根据《商标法》第三条规定,经商标局核准注册的商标,包括商品商标、服务商标和集体商标、证明商标,商标注册人享有商标专用权,受法律保护,如果是驰名商标,将会获得跨类别的商标专用权法律保护。

商标的作用比较单纯,顾名思义,其作用就是对商品或服务进行标记,是用来区别一个经营者的商品或服务和其他经营者的商品或服务的一种手段。对于制造业和服务业空前发达、相同商品或服务领域都存在多个相同或相似的竞争对手的现代社会,商标的作用不仅可以方便消费者迅速识别相关商品或服务的来源,而且也是商品或服务的信誉保证,因此对商标的拥有者有着非常重要的经济价值,尤其是对某些驰名商标而言,其经济价值更是难以估量。[①]

二、商标权的概念和作用

(一)商标权的概念和特征

商标权是商标专用权的简称,是指商标主管机关依法授予商标所有人对其注册商标受国家法律保护的专有权。商标注册人拥有依法支配其注册商标并禁止他人侵害的权利,包括商标注册人对其注册商标的排他使用权、收益权、处分权、续展权和禁止他人侵害的权利。中国商标权的获得必须履行商标注册程序,而且实行申请在先原则。作为现代知识产权体系中的主要组成部分,商标权拥有以下特征。

1. 独占性

独占性又称专有性或垄断性,是指商标注册人对其注册商标享有独占使用权。赋予注册商标所有人独占使用权的基本目的,是为了通过注册建立特定商标与特定商品的固定联系,从而保证消费者能够避免混淆并能接受到准确无误的商品来源信息。[②] 换句话说,在商业中未经许可的所有使用,都将构成对商标专用权的侵害。这种专用权表现为以下 3 个方面:

(1)商标注册人有权依据《商标法》的相关规定,将其注册商标使用在其核准使用的商品、商品包装上或者服务、服务设施上,任何他人不得干涉;

(2)商标注册人有权禁止任何其他人未经其许可擅自在同一种或类似商品上使用与其注册商标相同或者近似的商标;

---

① 参见李阁霞:论商标与商誉,北京:中国社会科学院研究生院 2013 年博士论文。

② 参见汤小夫:商标法上混淆可能性比较研究,北京:对外经济贸易大学 2012 年博士论文。

(3)商标注册人有权许可他人使用自己的注册商标,也可以将自己的注册商标转让给他人,这种许可或转让要符合法律规定并履行一定的法律手续。

2. 时效性

时效性指商标专用权的有效期限。在有效期限之内,商标专用权受法律保护,超过有效期限不进行续展手续,就不再受到法律的保护。各国的商标法一般都规定了对商标专用权的保护期限,有的国家规定长些,有的国家规定短些,多则20年,少则7年,大多数是10年。我国商标法规定的商标专用权的有效期为10年。《商标法》第三十八条规定:"注册商标有效期限届满,需要继续使用的,应当在期满前六个月内申请续展注册,在此期间未能提出申请的,可以给予六个月的宽展期。宽展期满仍未提出申请的,注销其注册商标。每次续展注册的有效期为十年。续展注册经核准后,予以公告。"

3. 地域性

地域性指商标专用权的保护受地域范围的限制。注册商标专用权仅在商标注册国享受法律保护,非注册国没有保护的义务。在我国注册的商标要在其他国家获得商标专用权并受到法律保护,就必须分别在这些国家进行注册,或者通过《马德里协定》等国际知识产权条约在协定的成员国申请领土延伸。

4. 财产性

商标专用权是一种无形财产权。商标专用权的整体是智力成果,它凝聚着权利人的心血和劳动。智力成果不同于有形的物质财富,它虽然需要借助一定的载体表现,但载体本身并无太大的经济价值,体现巨大经济价值的只能是载体所蕴含的智力成果。比如"可口可乐"商标、"全聚德"商标等,其商标的载体——可乐、烤鸭等不是具有昂贵价值的东西,但其商标本身却是具有极高的经济价值,"可口可乐"商标经评估,其价值达到700多亿美元,而"全聚德"作为中国的民族品牌2005年的评估价值为106.34亿元人民币。通过商标价值评估,这些商标可以作为无形资产成为企业出资额的一部分。①

5. 类别性

类别性即国家工商行政管理总局商标局依照商标注册申请人提交的《商标注册申请书》中核定的类别和商品(服务)项目名称进行审查和核准。注册商标的保护范围仅限于所核准的类别和项目,以世界知识产权组织提供的《商标注册商品和服务国际分类》为基础,国家商标局制定的《类似商品和服务区分表》将商品和服务总共分为45个类别,在相同或近似的类别及商品(服务)项目中只允许一个商标权利人拥有相同或近似的商标,在不相同和近似的类别中允许不同权利人享有相同或近似的商标。

---

① 参见郭之祥:商标与企业竞争行为,济南:山东大学2009年博士论文。

(二)商标权的作用

商标是产业活动中的一种识别标志,所以商标权的作用主要在于维护产业活动中的秩序,与专利权的作用主要在于促进产业的发展不同。[①]

根据《商标法》第三十九条和第四十条的规定,商标权有效期为10年,自核准注册之日起计算,期满前6个月内申请续展,在此期间内未能申请的,可再给予6个月的宽展期。续展可无限重复进行,每次续展注册的有效期为10年。自该商标上一届有效期满次日起计算。期满未办理续展手续的,注销其注册商标。在商标的有效期内,商标持有人享有排他性的对其相应的独占使用的权利。

商标权是一种无形资产,具有经济价值,可以用于抵债,即依法转让。根据我国《商标法》的规定,商标可以转让,转让注册商标时转让人和受让人应当签订转让协议,并共同向商标局提出申请。在转让商标权时,应当按照《企业商标管理若干规定》的要求,委托商标评估机构进行商标评估,依照该评估价值处理债务抵偿事宜,而且要及时向商标局申请办理商标转让手续。商标专用权被侵权的自然人或者法人在民事上有权要求侵权人停止侵害、消除影响、赔偿损失。

第二节　中药商标权保护的经济学分析

一、商标权保护的经济结构分析

现代社会之所以给各种产品或服务提供商标权保护,是为了促进社会进步。因此,对相关技术进步提供商标权保护,其产生的利益一定要超过实行这种保护产生的成本,给社会带来净福利的增加,才能实现促进社会进步的目的。用 NP 表示社会净福利,用 P 表示商标权保护带来的收益,用 C 表示商标权保护带来的成本,则 $NP=P-C>0$,商标权保护才有意义。

(一)收益

实行商标权保护的收益有哪些呢?首先是商标权给持有人带来的经济利益,这里用 P_1 表示。但是这种利益对于整个社会来讲,只是一种转移支付,在不考虑不同人群的边际效用不同的情况下,对于社会整体福利没有影响。其次,商标权保护最主要的收益是由于商标权的保护使消费者可以节约对于其需要的商

① 参见余俊:商标法的起源与发展,北京:中国人民大学2009年博士论文。

品或服务的信息检索成本，从而导致社会福利的增加，这里用 P_2 表示。

（二）成本

成本方面，首先是与商标权持有人带来的经济利益相对应的社会支出，这里用 C_1 表示。对于社会整体来讲，C_1 同 P_1 相等，$C_1-P_1=0$。然后是商标权保护导致的最直接的成本，即社会为了保证商标权的实现而产生的各种交易成本，这里用 C_2 表示。惩罚相应的商标侵权会产生相应的执法成本，这里用 C_3 表示。

（三）商标权保护的经济效应

社会净福利 $NP=P(P_1,P_2)-C(C_1,C_2,C_3)$。由于 P_1 和 C_1 整体上相等，因此要使 $NP>0$，就必须保证 $P_2>C_2+C_3$。对于某种没有任何名气的商标来说，因为缺少对其附属的商品或服务感兴趣的消费者，因此其为消费者节约的信息检索成本很少，所以 P_2 值也很小，但正因为其没有什么名气，很少发生相应的商标权交易，也不会有人去假冒某一个毫无名气的品牌，因此进行相应交易的成本 C_2 和惩罚相应的商标侵权的成本 C_3 几乎不存在。总体上来讲，虽然 P_2 和 C_2+C_3 都很小，但还是能保证 $P_2>C_2+C_3$，所以对这种普通商标的保护还是能在一定程度上增加社会总体福利，因此对其商标权进行保护是有必要的。假如某种商品或服务由于经营有方，逐渐声誉鹊起，深得广大消费者的欢迎，很多人都希望对其进行了解并购买，由于相应商标的存在，就能为这些消费者节约数额非常可观的信息检索成本，因此 P_2 值会变得非常大。当然，对于这种声誉卓著的驰名商标，由于其涉及巨大的经济利益，会围绕这一商标权的许可和转让产生更多的交易，并且会有更多的人试图通过各种商标侵权行为牟取不正当的利益，进行相应交易的成本 C_2 和惩罚相应的商标侵权的成本 C_3 都会在一定程度上增加，但这种增加的幅度远小于 P_2 增长的幅度，不仅能继续保持 $P_2>C_2+C_3$ 的状态，而且社会净福利 $NP=P(P_1,P_2)-C(C_1,C_2,C_3)$ 也会变得相当可观。因此，对驰名商标进行商标权保护比对普通商标进行商标权保护能产生更大的社会净福利，对其进行商标权保护能更大程度上促进社会总体福利的增加。

二、商标权保护期限的经济学分析

随着时间的延长，在商标权所附着的商品或服务没有变化的情况下，如其由于经营有方而从普通商标成为驰名商标，或者经营失败由驰名商标变为普通商标，由于商标权保护产生的社会收益 P_2 以及相应的成本 C_2+C_3 同样不会发生变化，因此由于商标权保护导致的社会净福利 $NP=P(P_1,P_2)-C(C_1,C_2,C_3)$ 也不会产生变化。因此，商标权保护产生的社会效益并不会因为时间的延长而出现边际成本增加和边际收益递减的现象，在其他条件不变的情况下，其社会效益同样不变。商标权保护产生的社会效益与保护年限关系的线性模型如图6.1所示。

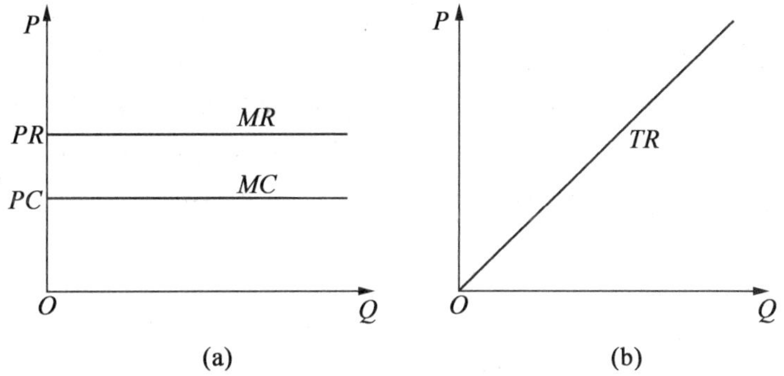

图6.1　商标权保护产生的社会效益与保护年限关系的线性模型

图6.1中，*Q*轴表示商标权保护期限，*P*轴表示商标权保护的成本或收益。

从图6.1(a)中可以看出，随着商标权保护期限*Q*的增加，代表相应商标权保护期限延长需要的社会成本(或社会投入)的边际成本曲线*MC*和代表商标权保护期限的延长产生的社会收益(或社会效益)的边际收益曲线*MR*是两条基本保持平行的直线。也就是说，随着商标权保护期限的延长，每提高一单位商标权保护期限需要投入的社会资源及产生的社会效益基本不变。只要曲线*MR*在曲线*MC*之上，每提高一单位商标权保护期限产生的社会效益就大于其需要的社会投入，社会福利就会增加，随着商标权保护期限的逐渐延长，社会总福利会持续增加。因为曲线*MR*始终在曲线*MC*之上，因此对于现代社会来说，商标权保护期限越长，其获得的社会总福利增加得越多，最符合现代社会利益的商标权保护期限是无限期的永久性保护。

从图6.1(b)中可以看出，随着商标权保护期限*Q*的增加，代表社会净收益水平变化的曲线*TR*不断上升，保护期限越长，社会净收益越大，因此最佳的保护期限是无限期的永久性保护。

综上所述，对商标权实行无限期保护最符合现代社会的要求。《商标法》第三十九条和第四十条即明确规定，商标权保护期为十年，期满可无限制续期。因此，法律对商标权保护实际上没有期限限制。

三、中药商标权保护的经济效用

中药作为商品的一种，对其进行商标权保护产生的经济效用同其他商品并没有根本的不同。对于普通中药商标而言，对其进行保护能够在一定程度上通过节约消费者的检索成本而促进中药产品的发展。对于中药驰名商标而言，由于其节约消费者的检索成本数额更为巨大,而相应的成本增加相对较小,对其实行商标权保护产生的社会效应更为可观。

在商标权保护的支持下,一些高资质的中药生产商迅速崛起,并产生了很多驰名中外的中药品牌,尤其是很多中药老字号,在市场经济的大潮中,凭借其深厚的技术和声誉积累,迅速成长为家喻户晓的中药产业巨无霸,如同仁堂、王老吉等就是典型的例子。[①] 因此,在商标权的保护下,不仅为数不少的中药驰名商标为社会总体福利水平的提高做出了很大的贡献,众多的普通中药商标的存在也能在一定程度上促进社会净福利的增加。

第三节　中药商标权保护对中药产业发展的经济学分析

通过对中药商标权保护的经济学分析可知,对中药进行商标权保护,因为其为社会节约的信息检索成本大大低于商标维权和交易的成本,因此对中药进行商标权保护是符合社会整体利益的。但是,这是从社会总体的角度对是否需要中药商标权保护进行的分析,而中药商标主体中药企业是否选择对中药进行商标权保护,其关键因素则是其是否能对中药产业的发展起到相应的促进作用,即能否为中药产业的发展带来实在的经济效益。对中药企业来说,中药商标权保护的价值来自于其注册商标能为其带来的商业利益。[②] 而决定其是否需要中药商标权保护的关键是这种利益能否抵消其为维持这一注册商标需要付出的成本。

一、商标权保护对中药企业产生作用的经济结构分析

同社会总体类似,中药企业是否选择商标权保护的关键,是其能否为其带来净效益的增加。用 NP 表示中药企业净效益,用 P 表示商标权保护为中药企业带来的收益,用 C 表示商标权保护为中药企业带来的成本,则 $NP = P - C > 0$,商标权保护对中药企业才有意义。

---

① 参见张艳艳,罗爱静:我国中药商标保护的现状调查与对策研究,中医药管理杂志,2008 年第 12 期,第 910 - 912 页。

② 参见王恕,杨文展,孙利华等:加入世界贸易组织与中药商标保护的思考,中国药房,2001 年第 3 期,第 142 - 143 页。

(一)收益

实行商标权保护对中药企业的收益有哪些呢？首先,注册商标所代表的是商家的信誉,由于这种信誉的存在,消费者愿意支付更高的价格进行购买,从而为中药企业提供利益,这里用 P_1 表示。其次,由于注册商标的广告效应,可以为企业节约可观的产品推广的营销费用,从而导致企业效用的增加,这里用 P_2 表示。

(二)成本

成本方面,对于中药企业来说,商标权保护产生的成本即其保证商标权的利益充分实现的维权成本,主要包括两个方面:一是缴纳给商标官方机构的管理费用,这里用 C_1 表示;二是打击各种商标侵权行为会产生相应的成本,这里用 C_2 表示。

(三)商标权保护对中药企业经济效益的影响

中药企业净效益 $NP = P(P_1, P_2) - C(C_1, C_2)$。要使 $NP > 0$,就必须保证 $P_1 + P_2 > C_1 + C_2$。对于某种没有任何名气的中药商标来说,因为其上面附着的商品信誉很少,消费者愿意支付更高价格的可能性性很小,由此为企业带来的利益不大,而且因为消费者对这一商标不熟悉,并不能为中药企业持有者产生很大的广告效用,从而不能节约其营销成本,所以 P_1 和 P_2 值都很小,总收益 $P = P_1 + P_2$ 也不是很大。但正因为其没有什么名气,很少有人去假冒某一个毫无名气的品牌,因此打击相应的商标侵权的成本 C_2 几乎不存在,而 C_1 属于官方收取的固定管理费用,一般数额不大,因此总成本 $C = C_1 + C_2$ 同样不大。总体上来讲,虽然 $P = P_1 + P_2$ 和 $C = C_1 + C_2$ 都不大,但只要相应的中药产品还有一定的市场存在,还是能保证总收益略大于总成本,即 $P_1 + P_2 > C_1 + C_2$,因此选择对其商标进行商标权保护,即使这一商标名气不大,对一般中药企业也是利大于弊,因此是很有必要的。假如某种商品或服务由于经营有方,逐渐声誉鹊起,深得广大消费者的欢迎,很多人都希望对其进行了解并购买,对于相应商标的商品,消费者愿意支付非常高的价格进行购买,相应商标产品一经推出即风靡一时,该商标具有巨大的广告效应,此时的 P_1 和 P_2 值会变得非常大,总收益 $P = P_1 + P_2$ 也会变得非常大,从而产生所谓的名牌效应,为企业带来巨大的效益。当然,对于这种声誉卓著的驰名商标,由于其涉及巨大的经济利益,会有更多的人试图通过各种商标侵权行为牟取不正当的利益,打击相应的商标侵权的成本 C_2 也会在一定程度上增加,但这种增加的幅度远小于 $P_1 + P_2$ 增长的幅度,而且由于 C_1 即官方收取的管理费用固定不变,$C = C_1 + C_2$ 虽然有所增加,但增加的幅度会比 $P =$

P_1+P_2 要小很多。不仅能继续保持 $P_1+P_2>C_1+C_2$ 的状态，而且企业净效益 $NP=P(P_1,P_2)-C(C_1,C_2)$ 也会变得相当可观。因此，每一个注册商标都是中药企业的财富，而中药驰名商标则是中药企业至关重要的战略资产，对中药产业经济效益的增长有着巨大的促进作用。

但与此同时，中药企业应当看到，中药商标的价值归根结底并不来自于商标本身，而是其附着于商标的商业信誉。商业信誉在经济上的意义是给购买者和使用者提供了相应的质量保证，大幅缩减了购买和使用者的鉴别费用和使用风险，从而使人们愿意付出超出缺少此种信誉的同类商品的价格购买此商品或服务，并且对附有此商标的新的商品产生相应的信任。因此，无论是消费者愿意支付更高价格产生的利益 P_1 还是商标的广告效应产生的利益 P_2 都来自于商品本身的信誉，而这种信誉则是中药企业提供的始终如一的高质量中药及相应的服务而产生的。因此，即使号称价值几百亿美元的商标“可口可乐”，如果其产品质量经常性地出问题，而且得不到相应的改善的话，其商标价值很快就会一文不名。[①] 商标终归只是商品的识别标志，其价值的来源仍然是作为持有者的中药企业自身的竞争实力，而不是商标本身。

二、商标权保护期限对中药企业影响的经济学分析

商标权保护对其持有者来说，随着时间的延长，其相应的经济效用是否改变乃至最终得不偿失，是其是否继续维持某种商标权存在的关键。因此，由于其附着的中药产品在市场上的表现不同，中药企业对相应的商标权保护的期限要求也不同。一般来说，中药产品分为永久和有限市场周期两种情况。

（一）永久市场周期的中药商标

由于绝大部分中药都是经过长期历史发展传承下来的久经考验的效果良好的产品，因此在相应的中药企业经营正常的情况下，其被市场淘汰的可能性很小，因此可以认为这些中药产品的市场周期是永久性的。对于这些商标来说，由于相应的中药产品市场的相对稳定，商标权保护产生的企业总收益 $P=P_1+P_2$ 以及相应的成本 $C=C_1+C_2$ 同样不会发生变化，因此由于商标权保护导致的企业净收益 $NP=P(P_1,P_2)-C(C_1,C_2)$ 也不会产生变化。商标权保护产生的社会效用并不会因为时间的延长而出现边际成本增加和边际收益递减的现象，在其他条件不变的情况下，其对企业产生的经济效益同样不变。永久市场周期的中药商标产生的企业效益与保护年限关系的线性模型如图 5.3 所示。

---

① 参见胡愈：中药的商标保护问题浅析，中国药师，2008 年第 11 期，第 1366 - 1367 页。

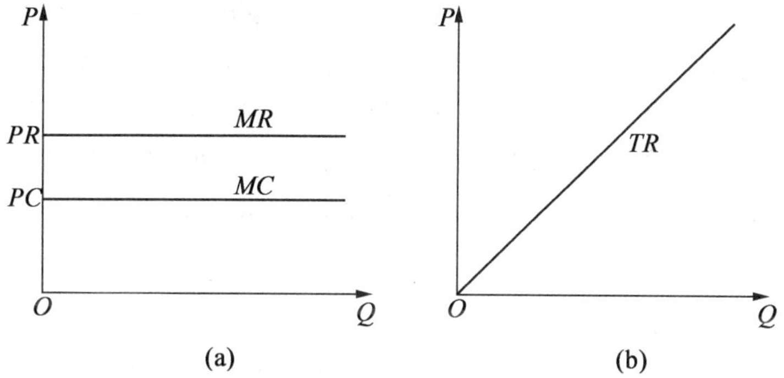

图 6.2　永久市场周期的中药商标产生的企业效益与保护年限关系的线性模型

图 6.2 中，Q 轴表示商标权保护期限，P 轴表示商标权保护的成本或收益。

从图 6.2(a)中可以看出，随着商标权保护期限 Q 的增加，代表相应商标权保护期限延长需要的中药企业成本（或中药企业投入）的边际成本曲线 MC 和代表商标权保护期限的延长产生的中药企业收益（或中药企业效益）的边际收益曲线 MR 是两条基本保持平行的直线。也就是说，随着商标权保护期限的延长，每提高一单位商标权保护期限需要投入的中药企业资源及产生的中药企业效益基本不变。只要曲线 MR 在曲线 MC 之上，每提高一单位商标权保护期限产生的中药企业效益就大于其需要的中药企业投入，中药企业净效益就会增加，随着商标权保护期限的逐渐延长，中药企业净效益会持续增加。因为曲线 MR 始终在曲线 MC 之上，因此对于这些中药企业来说，商标权保护期限越长，其获得的净效益增加越多，最符合这些中药企业利益的商标权保护期限是无限期的永久性保护。

从图 6.2(b)中可以看出，随着商标权保护期限 Q 的增加，代表中药企业净效益水平变化的曲线 TR 不断上升，保护期限越长，中药企业净效益越大，因此最佳的保护期限是无限期的永久性保护。

综上所述，对商标权实行无限期保护最符合这一类中药企业的要求。事实上，正是因为中药产品几乎没有市场周期的限制，从而导致数量众多的中药老字号的存在。

（二）有限市场周期的中药商标

对于产品市场周期有限的少数中药商标来说，上述收益和成本随着时间的推移，会受边际收益递减和边际成本递增规律的影响。随着中药商标权保护时间的延长，由于受产品市场周期的影响，消费者的购买欲望和广告效应都会逐渐降低，$P=P_1+P_2$ 会随着产品市场周期的变化而逐渐减小，而由于中药商标权保护产品的传播和扩散,相应的打击侵权的成本 C_2 会逐渐增大,在官方管理费用 C_1 保持不变的情况下,$C = C_1 + C_2$ 会随着产品市场周期的变化而逐渐增大。当中药商标权保护的期限到达一定程度之后,因为相应中药产品市场的逐渐衰退,必然会导致 $NP < 0$ 的情况出现,从而促使企业终止中药商标权保护。有限市场周期的中药商标产生的企业效益与保护年限关系的线性模型如图 6.3 所示。

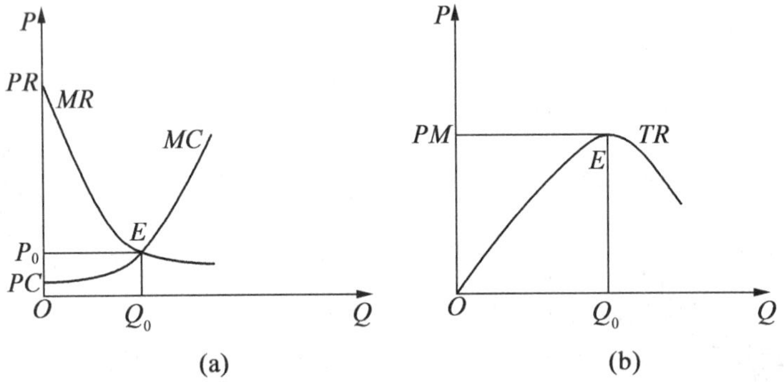

图 6.3　有限市场周期的中药商标产生的企业效益与保护年限关系的线性模型

图 6.3 中,Q 轴表示中药商标权保护期限,P 轴表示维护中药商标权保护的成本或收益。

从图 6.3(a)中可以看出,随着中药商标权保护期限 Q 的增加,代表相应中药商标权保护期限延长需要的中药企业成本(或中药企业投入)的边际成本曲线 MC 不断上升,即边际成本递增,而代表中药商标权保护期限的延长产生的中药企业收益(或中药企业效益)的边际收益曲线 MR 则不断下降,即边际收益递减。也就是说,随着中药商标权保护期限的延长,每提高一单位中药商标权保护期限需要投入的中药企业资源越来越多,而产生的中药企业效益越来越少。只要曲线 MR 在曲线 MC 之上,那么,每提高一单位中药商标权保护期限产生的中药企业效益就大于其需要的中药企业投入,中药企业效益就会增加。只要曲线 MR 在曲线 MC 之上,随着中药商标权保护期限的提高,中药企业总效益会持续增加,一直到曲线 MR 与曲线 MC 相交于 E 点,此时的中药商标权保护期限为 Q_0。达到 Q_0 后继续增加中药商标权保护期限,由于曲线 MR 位于曲线 MC 之下,此时每提高一单位中药商标权保护期限需要的中药企业投入已经超过其产生的中药企业收益,中药企业总效益水平不升反降。因此,中药企业总效益水平在中药商标权保护期限为 Q_0,曲线 MR 和曲线 MC 相交于 E 点时达到最大,此时每提高一单位中药商标权保护期限需要的中药企业投入和产生的中药企业效益刚好相等,均为 P_0,将中药商标权保护期限提高到 Q_0 产生的总的中药企业效益增加值为 $PREPC$ 所组成的三角形区域。假设将中药商标权保护期限在 Q_0 的基础上继续提高，则中药企业会在中药商标权保护期限为 Q_0 时达到的最大化的中药企业总效益水平的基础上，产生相当大的损失。

从图6.3(b)中可以看出，随着中药商标权保护期限 Q 的增加，代表中药企业净收益水平变化的曲线 TR 最初不断上升，一直到最高点 E，此时对应的中药商标权保护期限为 Q_0，中药企业净收益达到最高值 PM。中药商标权保护期限超过 Q_0，中药企业净收益反而不断下降。

综合图6.3的分析可知，对于有限市场周期的中药商标来说，随着时间的推移，其附着的中药产品市场会逐渐衰落，该商标产生对企业的收益贡献会越来越小，而相应的维持成本会越来越大。到了该中药商标的市场周期末期，企业继续维持该商标不仅无利可图，甚至会得不偿失，因此该商标的持有中药企业会选择放弃该商标。这也是《商标法》第三十九条和第四十条规定商标权保护期限为10年，可以无限续期的原因。对于已经成为中药企业负资产的中药商标，在保护到期时可以选择不续期，从而放弃相应的商标权保护。

通过对中药商标权保护的社会效益和企业效益的经济学分析可知，无论是就社会总体福利水平提高还是增加中药企业效益的角度考虑，都应当选择对中药实行商标权保护。对于社会总体来讲，由于其面对的总体中药市场变化不大，因此实行永久性的商标权保护最符合社会整体利益。而对于中药企业来讲，则需要根据中药商标附着的中药产品的市场周期选择相应的保护期。对于绝大多数中药企业，其中药商标市场周期是永久性的，因此选择永久保护是最佳选择，而对于少数具有有限市场周期的中药商标，则应根据其市场周期选择有限期的商标权保护。

第四节　中药老字号保护的经济学分析

中药作为传统知识的一种，悠久的历史传承是其最主要的特征之一，在中药发展的历史过程中，有很多资质优良、口碑良好的中药老字号存留至今，这是一笔值得人们珍惜和善加利用的宝贵财富，这对其实行相应的保护主要是商标权的保护，这对于中药产业的发展具有特殊重要的意义。

一、中华老字号及其保护

(一)中华老字号的概念

中华老字号(China Time-honored Brand)是指在长期生产经营中，沿袭和继承了中华民族优秀的文化传统，具有鲜明的地域文化特征和历史痕迹，具有独特工艺和经营特色的产品、技艺或服务，取得社会广泛认同，赢得良好商业信誉的企业名称以及老字号产品品牌。现行中华老字号保护的法律规范是2006年商务部发布的《"中华老字号"认定规范（试行）》，根据该规范，被认定为"中华老字号"的企业将获得由中华人民共和国商务部名义颁发的"中华老字号"牌匾（图6.4）和证书，并获得在法定范围内使用"中华老字号"称谓及相应标志的资格。因此在法律意义上，中华老字号指根据《"中华老字号"认定规范（试行）》的规定，由相关企业申请并经中华人民共和国商务部认可的一种荣誉称号。

中华老字号是数百年商业和手工业竞争中留下的极品，都是各自经历了艰苦奋斗的发家史而最终统领一行。其品牌也是人们公认的质量保证的同义语。其历史往往追溯到数百甚至上千年以前，某种程度上，中华老字号是中国传统工商业历史发展的见证，并构成其非常重要的有机组成部分。[①] 因此，中华老字号是中国悠久工商业传统的延续和发展，体现了中国自古以来对商品和服务质量的不懈追求。

图6.4 "中华老字号"牌匾

（二）中华老字号的保护

对中华老字号的保护，不仅是对中国悠久的工商业传统的尊重，而且通过对这些优良的工商业传统进行充分的商业开发，可以使其产生对老字号持有企业乃至相关产业发展的促进作用。某种程度上，中华老字号是一种独立的知识产权保护方式，其持有人在根据法律获得相应的授权之后，拥有对相应的字号的排他性使用的独占权利。但是《"中华老字号"认定规范（试行）》只是对中华老字号的认定进行相应的规范，并没有对中华老字号的具体保护进行具体的法律规定，因此中华老字号的保护主要采取企业字号保护和品牌保护相结合的方式。

---

① 参见张清奎：传统知识、民间文艺及遗传资源保护模式初探，知识产权，2006年第2期，第3－9页。

而通过将相应的中华老字号注册成商标，从而获得商标权的保护是现有法律对老字号最有效的保护方式。当然，要保证中华老字号的竞争力，不能仅仅依靠法律对商标权的保护。中华老字号注册的商标只是相应企业的品牌，而品牌实力是企业品牌字号与竞争实力的结合，拥有品牌，必须同时拥有相应的竞争实力，才能保证品牌实力的强大。而只有品牌，即使是老祖宗留下的著名商业字号，由于缺乏相应的企业竞争力相匹配，最终也会失去品牌。[①] 因此，老字号品牌虽然拥有商标权保护的强大品牌效应，但这种效应是其过去辉煌历史的沉淀，要使老字号企业再创辉煌，必须在取得老字号商标权保护的基础之上，锐意进取和创新，在市场经济的激烈竞争中不断发展壮大，才能保证相应老字号的继续传承和发扬光大。

二、中药老字号保护的经济意义

中药属于中国传统知识的主要组成部分，拥有上百乃至几百年历史的老字号众多，目前经国家商务部认可并公布和中医药有关的中华老字号共有 41 家，如大家所熟知的北京同仁堂、杭州胡庆余堂、武汉马应龙、广州潘高寿等。对中药老字号的保护，其经济意义体现在以下几方面。

（一）保护与中药老字号相关的优良的工商业传统

中华老字号传承下来的中药制造的工艺配方乃至相应的商业经营的经验等，都是经过了漫长的历史考验而存留下来的传统文化的精粹，对其进行充分的继承和发扬，不仅能充分发挥中药对人们健康的保障作用，而且能推动国民经济的发展。但是正是因为中药老字号具有的经济价值，其不可避免地成为其他经营者假冒的主要目标，要保证中华老字号的相应传统的继承和发展，就必须对其采取某些特殊的保护措施，比如现有的国家商业部对中药老字号的认定，并在其注册为商标的情况下使其受到驰名商标相关规定的保护。中药老字号只有在得到相关法律保障的情况下，才能使其优良传承得以完整保存并将其和附着于其上的良好的市场信誉转化为实在的经济利益，促进老字号企业乃至相应中药产业的发展。

（二）中药老字号的保护可以增强国内企业在医药市场的竞争力

对于中国来说，其在现代医药领域处于相对落后状态，由于基础薄弱导致的创新的缺乏，除中药以外的绝大多数医药产品都缺乏自主知识产权，从而对中国

① 参见郑婧，周应堂：“中华老字号”企业的转型升级研究，生产力研究，2014 年第 10 期，第 92 – 96 页。

医药行业的整体发展带来极为不利的影响。而中药老字号则由于其优良的产品和工艺传承,不存在基础薄弱的不足,因此可以以中药老字号为突破口,开发出一系列拥有自主知识产权的疗效良好的中药产品,并配合其本身具有的良好商业信誉,建立中药产业在医药市场的优势地位,增强国内企业在医药市场上的整体竞争力。①

(三)为中药老字号的持有企业带来巨大的商业利益

无论是对中药老字号的相关工商业传统的保护,还是中药老字号的发展导致国内企业在医药市场竞争力的增强,其直接受益者都是中药老字号的持有企业。通过对中药老字号的继承和发展,其强大的品牌效应会给中药老字号的持有企业带来巨大的商业利益。② 几乎所有的中药老字号都已经成为行业内的驰名商标,上述的北京同仁堂、杭州胡庆余堂、武汉马应龙、广州潘高寿等,均成为全国家喻户晓的著名商标。对中华老字号的认定和商标权保护,在很大程度上促成了这些老字号的拥有者迅速蜕变为中药产业乃至整个医药行业的领导者。

(四)其并不具有中药品种保护的遏制创新的不良作用

与中药品种保护类似,中药老字号保护也是针对中药的传统知识属性而实行的权利保护,但其余中药品种保护最大的不同是其仅仅作为一种区分相应的中药产品和服务来源的标志,因此不存在中药品种保护导致的遏制中药创新的问题,因此不存在增加社会创新成本的不利经济影响。

从经济的角度对中药老字号保护进行分析,可以发现其不仅能带来保护中药优良的工商业传统的利益,增强国内企业在医药市场上的整体竞争力,并为其持有者带来巨大的商业利益,而且与此同时,并不会带来其他的增加社会成本的不利经济影响。因此,中药老字号保护对促进社会总体福利水平提高的作用是显而易见的,对其进行相应的保护从经济的角度是合理的和正当的。

三、中药老字号的商标权保护

中药老字号在得到国家商业部认定之后,还必须将其注册成中药商标,通过商标权的保护,才能最大限度地实现其所具有的经济价值。因此,对中药老字号的商标权保护是对其合法权利进行保护的主要方式。

---

① 参见王方明,廖雪华:论中华老字号的文化传承与创新,湖北社会科学,2012 年第 8 期,第 85 - 88 页。

② 参见吴国峰:战略创业视角下中华老字号食品企业品牌延伸策略探颐——基于嘉兴五芳斋的个案分析,浙江学刊,2015 年第 3 期,第 185 - 190 页。

根据《商标法》第十三条和第十四条的相关规定，中药老字号为“为公众所熟知”是显而易见的，因此其符合驰名商标保护的要求。中药老字号在普通商标权的基础上，能够得到专门针对驰名商标的特别保护。因此，充分利用《商标法》对驰名商标保护的相关规定，可以使中药老字号所代表的中药传统得到更全面、力度更大的保护。

第五节　广州市中药产业商标权保护的经济学分析

广州市中药产业近年来的迅速成长，其成功的品牌战略有着非常大的促进作用。对广州市中药产业商标权保护进行相应的经济分析，可以使中药商标权保护产生的经济效用得到更明确的展示。

一、广州市中药商标权保护的现状

作为广州市最大的医药集团——广药集团一直非常注重其中药产品的品牌建设，并树立了“广药白云山，爱心满人间”的品牌理念，以提升集团的知名度和美誉度。通过多年的不懈努力，其在中药品牌建设方面取得了巨大的成就。具体表现如下。

（一）中药名优品牌众多

广药集团现有注册商标 1 021 个；广药集团拥有白云山、王老吉、陈李济、中一、抗之霸、潘高寿、天心、何济公等中国驰名商标 8 件，奇星、心字牌、潘高寿、山字牌、明兴、王老吉、何济公等广东省著名商标 23 件，群星、BYS 等广州市著名商标 30 件，是广州著名商标的“大户”。[①]

（二）中华老字号众多

广药集团拥有“中华老字号”企业 12 家：陈李济、王老吉、敬修堂、中一、潘高寿、明兴、星群、何济公、采芝林、奇星、光华和健民连锁。这些中药老字号均已成为相关企业的注册商标，并成为国家级或者省市级的著名商标。

---

① 本章有关广药集团的相关数据均来自广州医药集团有限公司企业网站，具体参见 http://www.gpc.com.cn/news/about/gsjj.html，2015 年 7 月 22 日 15:00。

(三)品牌价值持续提升

2010年,广药集团旗下王老吉品牌价值评估为1 080亿元,成为中国目前最有价值品牌;陈李济药厂获得“全球最长寿药厂”的吉尼斯纪录;2012年,白云山品牌价值评估为280亿元,抗之霸2008年首次品牌评估为21.03亿元。

(四)获得多项荣誉和奖励

2007年,广药品牌、白云山品牌荣获广东省外经贸厅2007—2010年度重点培育和发展广东省出口名牌称号并获颁50万元的自主出口品牌发展专项资金奖励;广药集团(王老吉、白云山、陈李济)荣获2010年度广东省十佳自主品牌称号;广药集团及14家司属企业被列入《2011—2015年广州市实施名牌战略重点培育和扶持发展自主品牌企业》指导目录。

二、广州市中药商标权保护的经济学分析

从经济学的角度分析上述广药集团中药商标权保护的相关资料,可以发现其具有以下特点。

(一)为广药集团带来了巨大的经济利益

广药集团对商标保护权的重视,为其带来了巨大的经济利益。资料显实,仅其旗下的王老吉、白云山和抗之霸3个品牌,即为广药集团带来了近1 400亿元的品牌价值,而这仅仅是广药集团所拥有的品牌的很小一部分。品牌价值不仅体现了该商标给企业带来的巨大经济利益,而且也反映了广药集团在中药市场上强大的竞争实力以及消费者对其很高的认可度。正如之前商标权保护对持有企业影响的经济学分析中所显示的,驰名商标可以为其持有企业带来巨大的经济利益,从而成为驰名商标持有者如广药集团重视商标权保护最重要的经济驱动。[①]

(二)商标权保护极大地促进了广州市中药产业的发展

通过对上述商标的成功运作,商标权保护不仅为广药集团带来了巨大的经济利益,而且极大地促进了广州市中药产业的发展。如前所述,2014年,广药集团完成工商销售收入达到650亿元,同比增长超过18%,并位居2014中国企业500强第219位,连续3年荣登国家工信部“中国医药工业百强榜”第1名。广药集团代表的广州市中药产业的高速成长,很大程度上得益于其成功的品牌形

① 参见傅刚:中药商标保护浅论,知识产权,2002年第3期,第28–30页。

象战略，而其产品在市场的成功，则反映出其在市场上深受消费者欢迎，从而对消费者福利的提高起到了积极的促进作用。正如之前对中药商标权保护的经济学分析中所显示的，中药商标权的保护可以在总体上促进社会总体福利水平的提高，尤其是对驰名商标的保护，能在更大程度上对社会总体福利的增加做贡献。

（三）中华老字号对广州市中药产业的发展具有特殊的作用

广药集团拥有“中华老字号”企业 12 家：陈李济、王老吉、敬修堂、中一、潘高寿、明兴、星群、何济公、采芝林、奇星、光华和健民连锁。由这些中华老字号注册的商标，成为广药集团推行商标权保护战略的主力，为广药集团整体品牌运用战略的成功起到了非常关键的作用。这些“中华老字号”无一例外成为了医药领域的驰名商标，如王老吉、陈李济、中一、潘高寿、何济公等甚至成为中国驰名商标，其他的也分别成为广东省或广州市的著名商标。某种程度上，正是以这些“中华老字号”为核心，才使广药集团的品牌战略取得了巨大的成绩，其对广州市中药产业的发展具有特殊重要的作用。

本章小结

商标权的经济意义比较简单，主要是通过对不同的经营者予以不同的独特标志，可以使消费者及其他利益相关者很简单地辨识出产品或服务的来源，大幅度节省相应的检索和辨别成本，提高社会的总体福利水平。

通过相应的经济学分析可以得知，每一个代表着优质产品和服务并为人们广泛认可的商标，不仅是其持有者，也是整个社会的一笔可观的财富。这些商标的存在，不仅给持有者带来了其应得的经济利益，整个社会也会因为相关的检索、辨别成本的节省和购买使用风险的降低而大大获益，从而带来整体社会福利水平的提高。因此，商标权保护不仅能为社会福利做出巨大的贡献，其对商标持有企业也有着促进其经济效益增加的正面影响。

中药的商标权保护中涉及一种特殊形式的保护，即中药老字号的保护。中药老字号的保护虽然还包括商号保护的内容在内，但其主要内容仍然是对中药老字号商标权的保护。对中药老字号商标权保护有着保护优秀的中药传统、增强国内企业在医药市场上的整体竞争力以及为其持有者带来巨大的经济利益等正面经济效果，因此对其实行商标权保护符合社会总体福利增加的目标。

对广州市中药产业商标权保护的经济学分析显示，广药集团通过实施商标权保护的品牌战略，培养了一系列国家级和省市级的著名商标，不仅为作为持有人的广药集团带来了相应的经济利益，而且极大地促进了广州市中药产业的发展。其中，广州市获得商务部认可的中药“中华老字号”为广药集团品牌战略的成功起到了特殊中药的作用。广州市中药产业商标权保护取得的成绩，完全证明了之前通过相应的经济分析得出的中药商标权保护能促进社会福利增加，提高持有企业经济效益的结论，而且广州市中药老字号在商标权保护中所起的作用也印证了中药老字号对中药产业发展有着重要的经济意义的结论。

因此，通过现代商标权对中药进行保护，不仅可以使拥有相应资源的中药持有者将历史文化积淀的商业信誉转化为实在的经济效益，而且可以使社会整体因检索和鉴别成本的节约以及使用风险的降低而获益，对保障人民的生命健康也有着相当重要的意义。

第七章　中药地理标志保护的经济学分析

对药材的地域性要求是中药文化的特色之一，它来源于生产实践，是中国传统中药文化评价中药材质量的独特标准。一般来说，在某一特定自然条件、生态环境的地域内所产的药材，因为其生产较为集中，而且栽培技术、采收加工也都形成了自己的传统，因而有着自己的特色和讲究，从而与其他地区的同种药材相比，其品质更佳、疗效更好且得到人们的公认，因此拥有良好的声誉。特殊地域药材的形成受该地区地理气候以及人文环境（含生产技术、临床选择、文化传播、市场交通、社会政治等）的共同作用，最后形成其与众不同的特殊品质。其优良品质的形成，除了中医临床疗效外，还包括药材的外观性状、采收加工和储藏运输方式，甚至可包括它的传播方式、市场口碑等可以让其增值的种种因素。因此特殊地域药材的形成受到历史、文化、科学、经济诸多属性的影响，最后才成为世界所公认的名优品种。[①] 正是因为中药药材品质同特殊地域的紧密联系，地理标志的保护对于中药产业的发展来说有着特殊的意义。

地理标志保护同商标权保护有着类似的作用，都是用来判别商品或服务的来源的标志。因为某一地区特殊的地理和人文环境而产生的商品，往往同当地特殊的文化传统密切相关。因此地理标志保护方式的创设，很大程度上是为了解决同传统知识相联系的产品的知识产权保护问题。其持有主体同现代知识产权保护体系要求的确定性完全不同，而是具有传统知识特有的群体性和不确定性。实施地理标志产品保护制度，对于保护民族精品和文化遗产，提高中国地理标志产品的附加值和在国外的知名度，扶植和培育民族品牌，保护资源和环境，促进地理标志产品的可持续发展，增强中国地理标志产品的国际竞争力具有重要意义。以下即通过对地理标志保护的具体描述，对其进行具体的经济分析，以揭示中药地理标志保护的经济意义。

---

① 参见张雪梅，李祖伦：道地药材的地理标志保护，时珍国医国药，2007 年第 9 期，第 2311 – 2312 页。

第一节 地理标志及其保护

一、地理标志的概念与保护

地理标志又称原产地标志(或名称),TRIPS 协议第 22 条第 1 款将其定义为:“其标志出某商品来源于某成员地域内,或来源于该地域中的地区或某地方,该商品的特定质量、信誉或其他特征主要与该地理来源有关。”我国 2001 年修订后的《商标法》也增设了地理标志方面的规定,其第 16 条第 2 款规定:“前款所称地理标志是指标示某商品来源于某地区,该商品的特定质量、信誉或者其他特征,主要由该地区的自然因素或人为因素所决定的标志。”从 TRIPS 协议和我国《商标法》可以看出关于地理标志的定义基本上是相同的:地理标志是表明某一种商品来源于一成员方地域内,或此地理内的一地区并且该产品的特定品质、信誉或其他特征,主要与该地理来源相关联的标志。①

地理标志是指标示某商品来源于某地区,该商品的特定质量、信誉或者其他特征,主要由该地区的自然因素或者人文因素所决定的标志。其中,自然因素是指原产地的气候、土壤、水质、天然物种等;人文因素是指原产地特有的产品生产工艺、流程、配方等。

地理标志是特定产品来源的标志。它可以是国家名称及不会引起误认的行政区划名称和地区、地域名称。根据《商标法》第十六条第一款的规定,商标中有地理标志或者与地理标志相同或者近似,而其指定使用商品并非来源于该标志所标示的地区,容易导致相关消费者混淆误认的,不得注册;但是,已经善意取得注册的继续有效。WTO 知识产权协议《与贸易有关的知识产权协定》第二部分第三节则规定了成员对地理标志的保护义务。②

① 参见张玉敏:我国地理标志法律保护的制度选择,知识产权,2005 年第 1 期,第 14 - 18页。

② 参见冯寿波:论地理标志的国际保护——以 TRIPS 协议为视角,上海:华东政法学院 2007 年博士论文。

二、地理标志的基本特征

(一)地域性

知识产权都具有地域性,只有一定范围内才受到保护,但地理标志的地域性又显得更为强烈,因为地理标志不仅存在国家对其实施保护的地域限制,而且其所有者同样受到地域的限制,只有商品来源地的生产者才能使用该地理标志。

(二)集团性

地理标志可由商品来源地所有的企业、个人共同使用,只要其生产的商品达到了地理标志所代表的产品的品质,这样在同一地区使用同一地理标志的人就不止一个,使得地理标志的所有者具有集团性。

(三)独特性

地理标志作为一种标记与一定的地理区域相联系,其主要的功能就在于使消费者能区分来源于某地区的商品与来源于其他地区的同种商品,从而进行比较、挑选,以找到商品的价值与使用价值的最佳切合点,购买到自己想要的商品。

三、地理标志保护的相关法律规定

我国现行法律对地理标志保护并没有专门立法,与其相关的主要法律是《商标法》,现行《商标法》规定地理标志可以作为集体商标或者证明商标进行注册,从而获得相应的商标权保护,包含地理标志的集体商标和证明商标由国家工商行政管理总局审查批准后注册。而对我国生效的 TRIPS 协议对地理标志的保护则主要表现在以下几方面:禁止以不当方式作为产品名称、称谓使用;禁止以不当方式作为产品说明使用;禁止以不正当竞争方式使用;禁止不当注册或撤销不当注册等。除此之外,为了加强对地理标志的管理,2005 年 6 月 7 日,国家质量监督检验检疫总局公布了《地理标志产品保护规定》,并于同年 7 月 15 日起施行,对符合条件的产品授予相应地理标志的使用权,并对相应的行政审查批准以及监督管理程序进行了相应的规定,目前已有很多富有地域特色的产品获得地理标志产品的保护,中药材著名的东北人参、宁夏枸杞等均已获得地理标志产品的保护。农业部于 2008 年开始施行《农产品地理标志管理办法》,规定符合条件的农产品可以申请地理标志登记,并且只有该农产品申请中规定范围内的企业和个人才能在其产品上使用该地理标志。对农产品地理标志的使用范围、产品质量、原料品质和生产工艺等规定了行政审查与确认的具体程序。该办法施行后,农业部 2014 年发布了《第一批农产品地理标志登记产品公告》,一共

47 种农产品获得农产品地理标志登记保护,其中包括广西壮族自治区都峤山铁皮石斛和湖北崇阳野桂花蜜等中药材。[①] 3 种标志如图 7.1 所示。

图 7.1　中国地理标志、地理标志保护产品、农产品地理标志

第二节　中药地理标志保护的经济学分析

一、地理标志保护的经济结构分析

现代社会之所以给各种创作提供地理标志保护,是为了促进社会进步。因此,对相关技术进步提供地理标志保护,其产生的利益一定要超过实行这种保护产生的成本,给社会带来净福利的增加,才能实现促进社会进步的目的。用 NP 表示社会净福利,用 P 表示地理标志保护带来的收益,用 C 表示地理标志保护带来的成本,则 $NP = P - C > 0$,地理标志保护才有意义。

(一)收益

实行地理标志保护的收益首先是地理标志给持有人带来的经济利益,这里用 P_1 表示。但是这种利益对于整个社会来讲,只是一种转移支付,在不考虑不

① 参见郭斯伦,马韶青:我国道地药材地理标志保护制度的不足与完善,国际中医中药杂志,2015 年第 10 期,第 869 - 872 页。

同人群的边际效用不同的情况下，对于社会整体福利的影响等于零。其次，地理标志保护最主要的收益是由于地理标志的保护使消费者可以节约对于其需要的商品或服务的信息检索成本，从而导致社会福利的增加，这里用 P_2 表示。

（二）成本

成本方面，首先是与地理标志持有人带来的经济利益相对应的社会支出，这里用 C_1 表示。对于社会整体来讲，C_1 同 P_1 相等，$C_1 - P_1 = 0$。然后是地理标志保护导致的成本，地理标志保护同商标权不同，因为地理标志同相应的地域固定，因此不存在交易的问题，所以也不存在地理标志交易产生的费用，地理标志保护产生的最主要的社会成本是惩罚相应的地理标志侵权产生相应的执法成本，这里用 C_2 表示。

（三）地理标志保护的经济效应

社会净福利 $NP = P(P_1, P_2) - C(C_1, C_2)$。由于 P_1 和 C_1 整体上相等，因此要使 $NP > 0$，就必须保证 $P_2 > C_2$。同地理标志相联系的产品一般都声誉卓著，深得广大消费者的欢迎，很多人都希望对其进行了解并购买，由于相应地理标志的存在，就能为这些消费者节约数额非常可观的信息检索成本，因此 P_2 值会变得非常大。当然，对于这种声誉卓著的地理标志，由于其涉及巨大的经济利益，会有很多人试图通过各种地理标志侵权行为牟取不正当的利益，相应的惩罚地理标志侵权的成本 C_2 也会较大，但其值一般来说远小于 P_2，其不仅能保持 $P_2 > C_2$ 的状态，而且社会净福利 $NP = P(P_1, P_2) - C(C_1, C_2)$ 也会相当可观。因此，地理标志保护比对普通商标的商标权保护能产生更大的社会净福利，能更大程度上促进社会总体福利的增加。

二、地理标志保护期限的经济学分析

地理标志产品最重要的特征之一是其优良品质的稳定性，随着时间的延长，在地理标志所附着的商品基本不会发生变化。由于地理标志保护导致的社会净福利 $NP = P(P_1, P_2) - C(C_1, C_2)$ 也基本不会产生变化，因此地理标志保护产生的社会效用并不会因为时间的延长而出现边际成本增加和边际收益递减的现象，在其他条件不变的情况下，其社会效益同样不变。地理标志保护产生的社会效益与保护年限关系的线性模型如图 7.2 所示。

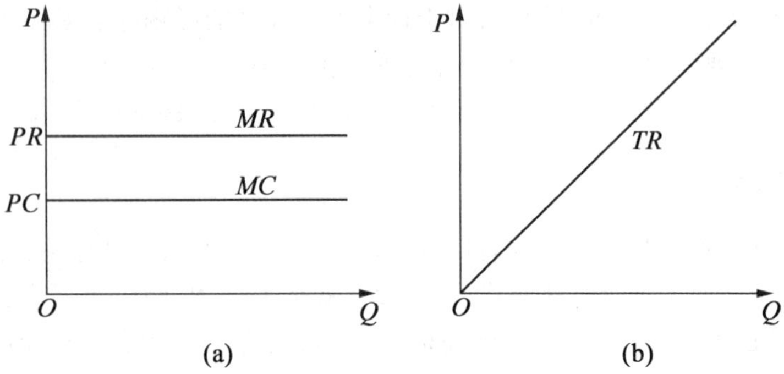

图 7.2　地理标志保护产生的社会效益与保护年限关系的线性模型

图 7.2 中，Q 轴表示地理标志保护期限，P 轴表示地理标志保护的成本或收益。

从图 7.2(a)中可以看出，随着地理标志保护期限 Q 的增加，代表相应地理标志保护期限延长需要的社会成本(或社会投入)的边际成本曲线 MC 和代表地理标志保护期限的延长产生的社会收益(或社会效益)的边际收益曲线 MR 是两条基本保持平行的直线。也就是说，随着地理标志保护期限的延长，每提高一单位地理标志保护期限需要投入的社会资源及产生的社会效益基本不变。只要曲线 MR 在曲线 MC 之上，每提高一单位地理标志保护期限产生的社会效益就大于其需要的社会投入，社会福利就会增加，随着地理标志保护期限的逐渐延长，社会总福利会持续增加。因为曲线 MR 始终在曲线 MC 之上，因此对于现代社会来说，地理标志保护期限越长，其获得的社会总福利增加得越多，最符合现代社会利益的地理标志保护期限是无限期的永久性保护。

从图 7.2(b)中可以看出，随着地理标志保护期限 Q 的增加，代表社会净收益水平变化的曲线 TR 不断上升，保护期限越长，社会净收益越大，因此最佳的保护期限是无限期的永久性保护。

综上所述，对地理标志实行无限期保护最符合现代社会的要求。《商标法》第三十九条和第四十条即明确规定，包括地理标志在内的注册商标保护期为 10 年，期满可无限制续期。因此，《商标法》对地理标志保护实际上没有期限限制。而《农产品地理标志管理办法》第十三条，则直接规定“农产品地理标志登记证书长期有效”，没有为其设置任何保护时间上的限制，即实行事实上的永久性保护。

三、中药地理标志保护的经济效用

中药作为商品的一种，对其进行地理标志保护产生的经济效用同其他商品并没有根本不同。同地理标志相联系的中药产品一般都声誉卓著，深得广大消费者的欢迎，很多人都希望对其进行了解并购买，由于相应中药地理标志的存在，就能为这些消费者节约数额非常可观的信息检索成本，因此 P_2 值会变得非常大。当然，对于这种声誉卓著的中药地理标志，由于其涉及巨大的经济利益，会有很多的人试图通过各种地理标志侵权行为牟取不正当的利益，相应的惩罚地理标志侵权的成本 C_2 也会较大，但其值一般来说远小于 P_2，其不仅能保持 $P_2 > C_2$ 的状态，而且社会净福利 $NP = P(P_1, P_2) - C(C_1, C_2)$ 也会相当可观。因此，对中药地理标志保护比对普通商标的商标权保护能产生更大的社会净福利，能更大程度上促进社会总体福利的增加。

在地理标志保护的支持下，一些高品质的中药药材得到了很好的保护，如东北人参、宁夏枸杞等，在地理标志保护的促进下，其产品销售量和销售价格年年上涨，不仅使更多的消费者因此而受益，也使相应的生产和销售企业获得了良好的经济效益，从而促进了总体社会福利的增加。

第三节　中药地理标志保护对中药产业发展的经济学分析

通过对中药地理标志保护的经济学分析可知，对中药进行地理标志保护，因为其为社会节约的信息检索成本大大低于地理标志维权的成本，因此对中药进行地理标志保护是符合社会整体利益的。但是中药企业是否选择对中药进行地理标志保护，其关键因素则是其是否能对中药产业的发展起到相应的促进作用，即能否为中药产业的发展带来实在的经济效益。对中药企业来说，中药地理标志保护的价值来自于其带来的商业利益。而决定其是否需要中药地理标志保护的关键是这种利益能否抵消其为维持地理标志需要付出的成本。

一、地理标志保护对中药企业产生作用的经济结构分析

中药企业是否选择地理标志保护的关键，是其能否为其带来净效益的增加。用 NP 表示中药企业净效益，用 P 表示地理标志保护为中药企业带来的收益，用 C 表示地理标志保护为中药企业带来的成本，则 $NP = P - C > 0$，地理标志保护对中药企业才有意义。

（一）收益

实行地理标志保护对中药企业的收益有哪些呢？首先是地理标志所代表的商家的信誉，由于这种信誉的存在，消费者愿意支付更高的价格进行购买，从而为中药企业提供利益，这里用 P_1 表示。其次，由于地理标志的广告效应，可以为

企业节约可观的产品推广的营销费用，从而导致企业效用的增加，这里用 P_2 表示。

(二)成本

成本方面，对于中药企业来说，地理标志保护产生的成本即其保证地理标志的利益充分实现的维权成本，主要包括两个方面：一是缴纳给地理标志官方机构的管理费用，这里用 C_1 表示；二是打击各种地理标志侵权行为会产生相应的成本，这里用 C_2 表示。

(三)地理标志保护对中药企业经济效益的影响

中药企业净效益 $NP = P(P_1, P_2) - C(C_1, C_2)$。要使 $NP > 0$，就必须保证 $P_1 + P_2 > C_1 + C_2$。地理标志一般声誉良好，深得广大消费者的欢迎，很多人都希望对其进行了解并购买，对于相应地理标志的商品，消费者愿意支付非常高的价格进行购买，而且该地理标志具有巨大的广告效应，可以为商家节约很多的营销成本，此时的 P_1 和 P_2 值会非常大，总收益 $P = P_1 + P_2$ 也会非常大，为企业带来可观的效益。当然，对于声誉卓著的地理标志，由于其涉及巨大的经济利益，会有更多的人试图通过各种地理标志侵权行为牟取不正当的利益，打击相应的地理标志侵权的成本 C_2 也会较大，但其仍远小于 $P_1 + P_2$ 的值，而且由于 C_1 即官方收取的管理费用固定不变，$C = C_1 + C_2$ 虽然不小，但会比 $P = P_1 + P_2$ 小很多。这样不仅能继续保持 $P_1 + P_2 > C_1 + C_2$ 的状态，而且企业净效益 $NP = P(P_1, P_2) - C(C_1, C_2)$ 也会变得相当可观。因此，每一个地理标志都是相应中药企业的重要财富，其对中药产业经济效益的增长有着巨大的促进作用。

但与此同时，中药企业应当看到，中药地理标志的价值归根结底并不来自于地理标志本身，而是其附着标志的商业信誉。商业信誉给购买者和使用者提供了相应的质量保证，大幅缩减了购买和使用者的鉴别费用和使用风险，从而使人们愿意付出超出缺少此种信誉的同类商品的价格购买此商品或服务，并且对附有此地理标志的新的商品产生相应的信任。因此，无论是消费者愿意支付更高价格产生的利益 P_1 还是地理标志的广告效应产生的利益 P_2 都来自于商品本身的信誉，而这种信誉则是中药企业提供的始终如一的高质量中药及相应的服务而产生的。如果其产品质量经常性地出现问题，而且得不到相应的改善的话，其地理标志价值很快就会一文不名。同商标类似，地理标志终归只是商品的地理识别标志，其价值的来源仍然是作为持有者的中药企业自身的竞争实力，而不是地理标志本身。[①]

二、地理标志保护期限对中药企业影响的经济学分析

地理标志保护对其持有者来说，因为其所代表的商品经历过长期的历史考验，因此其质量的稳定性是很强的，[②]其所对应的保护收益和成本也是相对固定的。在这样的情况下，中药地理标志保护并不会随着时间的推移而出现边际成本上升和边际收益下降的情况。

由于地理标志保护下的中药都是经过长期历史发展传承下来的久经考验的效果良好的产品，在相应的中药企业经营正常的情况下，其为市场淘汰的可能性很小，因此可以认为这些中药产品的市场周期是永久性的。对于这些地理标志来说，由于相应的中药产品市场的相对稳定，地理标志保护产生的企业总收益 $P=P_1+P_2$ 以及相应的成本 $C=C_1+C_2$ 同样不会发生变化，由于地理标志保护导致的企业净收益 $NP=P(P_1,P_2)-C(C_1,C_2)$ 也不会产生变化。因此，地理标志保护产生的社会效用并不会因为时间的延长而出现边际成本增加和边际收益递减的现象，在其他条件不变的情况下，其对企业产生的经济效益同样不变。中药地理标志保护产生的企业效益与保护年限关系的线性模型如图 7.3 所示。

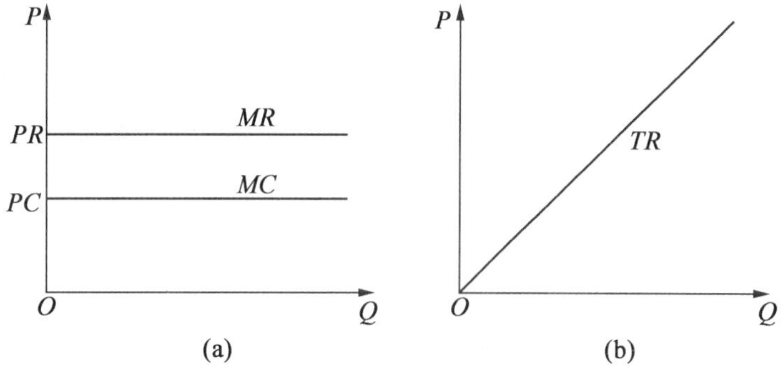

图 7.3　中药地理标志产生的企业效益与保护年限关系的线性模型

图 7.3 中，Q 轴表示地理标志保护期限，P 轴表示地理标志保护的成本或收益。

从图 7.3(a)中可以看出，随着地理标志保护期限 Q 的增加，代表相应地理标志保护期限延长需要的中药企业成本（或中药企业投入）的边际成本曲线 MC

---

① 参见曹琳：地理标志产品的品牌化机制与策略研究，济南：山东大学 2012 年博士论文。

② 参见王志本：我国传统名特优农产品的地理标志保护，农业经济问题，2005 年第 4 期，第 54－57 页。

和代表地理标志保护期限的延长产生的中药企业收益（或中药企业效益）的边际收益曲线 *MR* 是两条基本保持平行的直线。也就是说，随着地理标志保护期限的延长，每提高一单位地理标志保护期限需要投入的中药企业资源及产生的中药企业效益基本不变。只要曲线 *MR* 在曲线 *MC* 之上，每提高一单位地理标志保护期限产生的中药企业效益就大于其需要的中药企业投入，中药企业净效益就会增加，随着地理标志保护期限的逐渐延长，中药企业净效益会持续增加。因为曲线 *MR* 始终在曲线 *MC* 之上，因此对于这些中药企业来说，地理标志保护期限越长，其获得的净效益增加越多，最符合这些中药企业利益的地理标志保护期限是无限期的永久性保护。

从图 7.3（b）中可以看出，随着地理标志保护期限 Q 的增加，代表中药企业净效益水平变化的曲线 *TR* 不断上升，保护期限越长，中药企业净效益越大，因此最佳的保护期限是无限期的永久性保护。

综上所述，对地理标志实行无限期保护最符合中药企业的经济利益。事实上，上述《商标法》还是《地理标志产品保护规定》《农产品地理标志管理办法》，都没有对中药地理标志保护期限实行任何限制，因此其法定保护期限事实上是永久性的。

第四节　中药地理标志保护存在的问题

地理标志往往同相关产品的原产地联系在一起，汉语中的通常表示方法为“地理名称（原产地名称）+商品名称”，如长白山人参、宁夏枸杞、德州扒鸡、涪陵榨菜等。从以上对中药地理标志保护的经济分析可以看出，中药地理标志保护之所以对中药产业的发展具有重要的意义，关键是中药地理标志所标示的中药产品或服务具有其他产地的中药产品难以替代的独特品质，以及由此而产生的相应附着于这一产品之上的声誉。因此，不仅需要对已有的符合地理标志保护的中药产品尽可能地申请法律保护，而且需要在保证和维护相应地理标志所包含的中药产品的独特品质的基础上对其进行保护，以最大限度地发挥中药地理标志保护对中药产业发展的促进作用。由于中药地理标志保护开展时间不长，很多符合条件的中药产品经营者都没有申请中药地理标志保护。迄今为止，中药产业比较发达的广州市尚没有申请任何中药地理标志保护，以下只能从中国中药地理标志保护的宏观角度出发，从其对于促进中药产业发展的角度进行分析，指出目前中药地理标志保护存在的问题。

一、中药地理标志保护对中药产业发展的促进作用

中药地理标志保护通过对相关原产地的中药产品实行相应的法律保护，不仅保证了所标示的中药产品的真实原产地，而且通过中药地理标志持有人对相关产品的质量监控和宣传推广，一方面进一步保证了地理标志同中药独特品质之间的联系，另一方面进一步扩大了相应中药产品的质量声誉。① 其对中药产业发展的促进作用主要表现在以下方面。

（一）地理标志保护对相应中药的区分作用

地理标志保护下的相应中药产品，其所使用的地理标志获得了法律规定的垄断使用权利，人们可以据其将相应的中药产品同其他类似的中药产品进行区分。地理标志不仅能起到商标所具有的区分产品来源的作用，而且能进一步突出地理标志产品所具有的文化底蕴和质量特质，在由于其对消费者检索成本的节约，使消费者愿意接受地理标志产品相对于其他类似产品更高的价格，在促进地理标志持有者效益增加的同时促进相应中药产业的发展。②

（二）地理标志保护对相应中药质量的保证作用

受到法律保护的地理标志产品必须按照相关的法律文件，提交相应的质量规范化文件以及后续的保证措施。对正式获得相应的地理标志保护的产品，相关管理机构还会对其进行定期和不定期的检查监督。因此，中药地理标志的持有人为了保证相关产品始终得到法律的相应保护，必然进一步规范相关中药产品的种植加工技术，制定严格的产品质量标准，在确保其始终符合相应地理标志保护的法律条件的情况下，对相应中药质量起到良好的保证作用，促进其具有的质量方面的优点和特色进一步巩固和发展。

（三）地理标志保护对相应中药产品的宣传作用

因为地理标志保护的取得必须经过一系列严格的认证和评审过程，能够取得地理标志保护表明相应产品获得了地理标志管理部门的官方认可，从而具有相当大的权威性，对相应中药产品起到一定的宣传作用和广告效应。对于国内市场总量非常大的中药行业来说，地理标志保护的宣传作用对相关持有人经济

---

① 参见陈贤春，官坤祥：道地药材的知识产权保护，中医药信息，2003 年第 6 期，第 64 – 65 页。

② 参见张建平，周宇升：从“浙八味”谈道地药材的地理标志保护问题，中国药房，2008 年第 24 期，第 1914 – 1916 页。

效益的提高是非常明显的。其不仅可以增加消费者对相关中药产品质量的信任,直接提高市场信誉,促进销售量的增加,而且使消费者能接受较其他类似产品更高的价格,从而促进相关中药企业经济效益的进一步提高。

(四)地理标志保护对中药文化的保护作用

地理标志产品往往同相应的文化属性相联系,受地理标志保护的中药产品一般都经过了长期的考验并具有悠久的历史,其所具有的不同于其他类似产品的质量特色本身即为中药文化传承的结晶,在某种意义上,受地理标志保护的中药之所以具有其独特的质量,就是因为其具有相应的独特中药文化。[①] 因此,对中药进行地理标志保护会使人们更加注意其中所包含的文化属性,并采取相应措施对相关文化属性进行保护和发扬光大。

综上所述,通过对具有自身特色的中药产品实行地理标志保护,可以起到对相应中药的区分作用和质量的促进作用,以及对其声誉的宣传作用和对相应中药文化的保护作用。这些作用综合到一起,可以极大地增加受地理标志保护的中药的市场竞争力,从而为中药地理标志的持有人带来可观的经济效应。在经济利益的激励下,相关部门和企业等必然进一步增加对相关中药产品的保护力度和生产规模,使中药地理标志产品进一步发扬光大。

二、中药地理标志保护存在的主要问题

在地理标志保护下,很多中药产品获得了非常可观的经济效益,如长白山人参、宁夏枸杞等有名的中药品种,近年来因为地理标志保护的促进作用,无论在价格还是质量上都较获得地理标志保护之前有了很大的进步。尤其是长白山人参,其在淘宝网上的销售价格,从 2010 年每斤不到 100 元,激增到 2015 年底的每斤 300 元以上,而且仍然供不应求,价格上升势头有增无减。中药地理标志保护伴随着的巨大经济利益,使其受到人们的日益关注,受地理标志保护的中药产品的范围不断扩大。然而,在中药地理标志保护受到广泛关注的同时,其依然存在以下一系列主要问题。

(一)获得地理标志保护的中药产品过少

根据中国地理标志网公布的数据,截止到 2015 年 5 月底,中国获得地理标志保护的产品已经超过了 4 000 余种。这一数量在 2013 年底才突破 3 000 种的

① 参见岳鸿缘:中药地理标志保护研究,长春:吉林大学 2011 年硕士论文。

基础上有了巨大的进步。[①] 然而,对于中国幅员广阔的地域来说,几乎每一个县级行政区域都有不少特有的农业土特产,4 000 余种的数量远不能反映中国具有地域特色的诸多农业土特产的全貌,作为地理标志保护对象之一的中药产品同样面临着这样的局面。首先,中国开展地理标志保护的时间不长,近年来地理标志保护的重要性才逐渐被中药产业所认识,很多富有地域特色的中药产品经营者尚没有地理标志保护的意识,如广州市有名的凉茶品牌"沙溪凉茶",就只申请了商标保护,而没有进一步申请地理标志保护。其次,因为地理标志保护大规模开展时间不长,还有相当部分富有地方特色的中药产品仍处于地理标志保护的申请和认证阶段,没有正式纳入地理标志保护名单。最后,很多以特色中药有名的地方,尤其是很多民族药物,都位于经济和交通不发达的地区,由于相应中药的市场化率不高,当地企业和政府部门缺乏足够的意识和经济力量进行相应的地理标志保护的申请和认证,导致获得地理标志保护的中药产品过少。

(二)地理标志保护产品质量参差不齐

地理标志保护之所以能起到促进具有地域特色的中药产品的保护和发展,根本原因在于相应的中药产品具有其他类似产品所没有的质量特色。对于多数获得相应地理标志保护的持有人来说,都会珍惜这来之不易的权利,会采取严格的监管措施保证相应中药产品的质量,以使其在地理标志保护的基础上发扬光大。然而,很多中药产品在取得地理标志保护之后,出于急功近利的目的,其持有人不顾对相应地理标志可能带来的损害,在很多质量低劣,达不到地理标志保护标准的产品上使用相应地理标志,利用消费者对地理标志保护的信任,牟取不正当的利益。[②] 这种滥用地理标志保护权利的行为,必然导致地理标志保护产品质量上的参差不齐,从根本上损害地理标志保护的权威,从而导致地理标志保护起不到应有的作用。

(三)地理标志保护的国际化程度不够

通过地理标志对包括中药在内的具有地域特色的涉农产品进行保护,是目前国际上通行的做法。如原产于法国香槟地区的香槟酒,在 20 世纪的中国,其几乎成为低度气泡酒的通称。然而,在中国加入 WTO 之后,香槟行业协会即根据 TRIPS 协议的规定,要求中国履行保护"香槟"作为地理标志保护的权利。

---

① 参见地理标志网,http://www.zgdlbz.com/NewsView.asp?ID=2395&SortID=10&PID=1,2015 年 12 月 22 日 10:00。

② 参见郭斯伦,马韶青:我国道地药材地理标志保护制度的不足与完善,国际中医中药杂志,2015 年第 10 期,第 869－872 页。

2013 年 5 月,中国政府正式承认“香槟”作为专用地理标志的独占使用权利。[①] 然而,我国中药地理标志保护在国际化方面同发达国家相比,仍然存在较大的差距。[②] 尤其是“中药”本身作为同中国这一地域和文化紧密相连的产品通称,由于中国政府没有将其纳入地理标志保护,目前被很多国外生产的同中国毫无关联的植物药广泛使用,对“中药”的声誉造成了相当的损害。[③]

综上可以看出,中药地理标志保护虽然已经得到了很大的发展,并对相应中药产品的发展起到了很大的促进作用,但仍然存在绝对数量过少、质量参差不齐以及国家化程度不够等问题。这些问题归根结底还是因为相关主体缺乏足够的地理标志保护意识。如中药产业比较发达的广州市,至今尚没有真正的地理标志保护的中药产品。一些符合地理标志保护的中药产品如“沙溪凉茶”,虽然已经申请了商标保护,但并没有将其进一步申请地理标志保护。

本章小结

地理标志保护同商标权保护有着类似的作用,都是用来判别商品或服务的来源的标志。由于某一地区特殊的地理和人文环境而产生的商品,往往同当地特殊的文化传统密切相关。因此地理标志保护方式的创设,很大程度上是为了解决同传统知识相联系的产品的知识产权保护问题。其持有主体同现代知识产权保护体系要求的确定性完全不同,而是具有传统知识特有的群体性和不确定性。实施地理标志产品保护制度,对于保护民族精品和文化遗产,提高中国地理标志产品的附加值和在国外的知名度,扶植和培育民族品牌,保护资源和环境,促进地理标志产品的可持续发展,增强中国地理标志产品的国际竞争力具有重要意义。

通过对中药地理标志保护的经济分析可知,中药作为商品的一种,对其进行地理标志保护产生的经济效用同其他商品并没有根本的不同。同地理标志相联系的中药产品一般都声誉卓著,深得广大消费者的欢迎,很多人都希望对其进行

---

① 参见黄礼彬:试论强化我国地理标志的法律保护——以法国香槟酒行业委员会与商标评审委员会商标争议纠纷为引,价值工程,2014 年第 16 期,第 294 - 295,296 页。

② 参见王笑冰,林秀芹:中国与欧盟地理标志保护比较研究——以中欧地理标志合作协定谈判为视角,厦门大学学报(哲学社会科学版),2012 年第 3 期,第 125 - 132 页。

③ 参见陈朝晖:论将“中医”中药”申请为地理标志加以保护的可行性,中国医药技术经济与管理,2009 年第 7 期,第 36 - 41 页。

了解并购买，由于相应中药地理标志的存在，就能为这些消费者节约数额非常可观的信息检索成本，从而在总体上有利于社会福利的提高。因为地理标志产品一般声誉良好，具有巨大的广告效应，可以为商家节约很多的营销成本，增加其经济效益，因此也受到经营者的日益重视。在经济利益的驱动下，中药地理标志保护已经得到了很大的发展，并对相应中药产品的发展起到了很大的促进作用。然而，其仍然存在绝对数量过少、质量参差不齐以及国家化程度不够等问题。这些问题归根结底还是因为相关主体缺乏足够的地理标志保护意识。如中药产业比较发达的广州市，至今尚没有真正的地理标志保护的中药产品。一些符合地理标志保护的中药产品如“沙溪凉茶”，虽然已经申请了商标保护，但并没有将其进一步申请地理标志保护。

第八章 中药商业秘密保护的经济学分析

使用商业秘密保护创新和发明，是一种古老而传统的知识产权保护方式，其发端与发展早于现代知识产权保护体系，又随着现代知识产权保护体系的发展而得以完善。对于属于中国传统知识主要组成部分的中药来说，在其悠久的发展历史过程中，商业秘密保护几乎成了对其创新和发明进行保护的唯一方式，并因此形成各种各样的秘方。进入现代社会之后，以专利为主的现代知识产权保护方式大行其道，中药却由于其传统知识的属性，其创新者仍然偏爱、执着于商业秘密的保护方式。然而，中药商业秘密作为无形财产的价值得到人们的广泛认可的同时，中药商业秘密泄露的情况也频频发生。自 19 世纪中期以来，中国中药商业秘密流失严重，最典型的如日本汉方药在对中国中药产品和古典文献进行研究的基础上，对中国的中药商业秘密大肆剽窃后进行后续发明，造成中国中药的严重损失。[①] 在如此频繁的商业秘密泄露的同时，中药商业秘密保护的缺陷暴露无遗。但是由于中药的传统知识属性，其很难达到现代知识产权体系要求的新颖性和主体确定性要求，中药商业秘密持有人很难通过专利等现代知识产权制度对其实行更好的保护。以下即从商业秘密保护对于中药保护的作用出发，通过相应的经济学分析，对中药商业秘密的作用机制及其存在的价值和问题进行具体的分析。

---

① 参见冯国忠，罗赛男：从日本汉方药的成功看我国中药产业的发展，中国药房，2006 年第 20 期，第 1526－1528 页。

第一节　中药商业秘密概述

一、中药商业秘密的概念与特点

根据我国《反不正当竞争法》，商业秘密是指不为公众所知悉，能为权利人带来经济利益，具有实用性并经权利人采取保密措施的技术信息和经营信息。在中药领域中，中药配方、秘方、生产和加工工艺、药材培植技术、养殖技术、饮片加工技术、炮制技术均为商业秘密的保护范围。[①]

作为商业秘密的子范畴，中药商业秘密具有以下特点[②]：第一，秘密性，即不为公众所知悉，没有被公开。第二，中药商业秘密具有实用价值，能够为其发明人带来实际或者潜在的积极利益和竞争优势。第三，中药商业秘密因为“不为公众所知悉”，不属于“社会公共知识或一般常识”，具有其相对“新颖性”。第四，中药的发明人之所以采取商业秘密保护，是因为中药商业秘密具有其独特性，即较长时间内不易被他人总结、研究而重复发明或者掌握。

二、中药商业秘密权的知识产权属性

（一）中药商业秘密权具有无形性

中药商业秘密权的客体中药商业秘密，是一种无形的知识产品，而且很多中药商业秘密同专利发明一样，具有足够的新颖性、创造性，中药发明者完全可以选择申请专利。在一定范围之内，中药商业秘密法律保护制度与专利制度是对同一类客体即有价值的信息、无形财产的不同保护方式。即使那些不符合专利申请的中药商业秘密，亦因其作为专利人智力创造的结果，属于一种精神财富，应得到法律的保护。实践中，亦非所有的中药商业秘密都不如专利技术，中药商业秘密权利人无权排除重复发明者使用其商业秘密，那么只有那些难以被重复发明或者反向工程等方式被他人掌握的商业秘密才具有保护价值，这必然要求

---

① 参见丁晓玥等：中药企业的商业秘密保护研究，齐鲁药事，2012 年第 5 期，第 303－304，307 页。

② 参见张向群：浅谈商业秘密的法律保护问题，当代法学，2003 年第 1 期，第 128－129 页。

中药商业秘密具有较高的技术含量。[①] 从这个意义上来说,中药商业秘密完全属于无形的"知识产品"。

(二)中药商业秘密权具有专有性

"专有性"亦即排他性,是知识产权与所有权的共同特性。中药商业秘密权具有专有性,例如知名品牌王老吉的中药配方,由于权利人保守商业秘密,一直被权利人独占使用。但是,在法理上中药商业秘密权不具有绝对的独占性和排他性,由于某些原因,同一个中药商业秘密可能为许多权利人同时拥有,这样其价值也就大打折扣了。

(三)中药商业秘密权的地域性

虽然商业秘密作为传统中药的传统保护手段,但是商业秘密法仅仅是近代才发展起来,中药商业秘密权仅仅是近代才受到法律的保护。在国家制定相关商业秘密保护的法律法规之前,商业秘密是不受国家法律保护的,也就是说,中药商业秘密权具有地域性。在这一特征上,与专利权、商标权具有一致性。

(四)商业秘密权的时间性

所谓知识产权的时间性是指知识产权受到法定期限的限制,具有法定时间性。[②] 很多学者认为中药商业秘密权如同地理标志、商品名称一样不受时间的限制。从理论上来讲,只要相应的中药商业秘密始终具有一定的商业价值,其受法律保护的时间是没有限制的。而实际上,中药商业秘密权也受到时间限制,具有时间性。在更加先进的中药工艺、配方出现的时候,原来的中药配方就失去了保护的价值,其商业秘密权也就不复存在。

三、中药商业秘密权保护的特点

中药商业秘密保护具有以下特点。首先,中药商业秘密是可以自动生成保护状态的知识产权。在现代知识产权中,版权和商业秘密的权利是可以自动生成的,专利权、商标权需要行政程序和司法程序。只要具有秘密性、经济实用性且权利人采取了保护措施予以保护,即构成商业秘密。其次,中药商业秘密属于非公开性保护。在国际知识产权中,"不为公众所知悉"是商业秘密保护的前提。在我国药品行政保护体系中,一级中药保护品种获允许不公开其处方与工

① 参见唐蕾:论我国中药研究开发中的商业秘密保护,广州:中山大学2009年硕士论文。

② 参见程啸:知识产权法若干基本问题之反思,中国人民大学学报,2001年第1期,第75-81页。

艺。对于中药复方来说，配方组成加工炮制方法等技术秘密信息往往是决定其功效的关键，获得专利权就意味着公开这些技术方案。所以，商业秘密的非公开性保护就显得尤为重要。最后，商业秘密的保护期限在法律中并没有明确规定，保护期的长短完全取决于权利人对信息的保密措施是否切实有效。如果权利人保密措施得力，那么一项商业秘密可延续很长时间，远远超过专利技术受保护的期限。例如云南白药利用商业秘密无固定保护期限的特点，并没有为其产品处方及工艺申请专利，一直以商业秘密保护了上百年。[①]

第二节　对中药商业秘密保护合理性的经济学分析

虽然对中药实行商业秘密保护是中国中药产业做出的普遍选择，并对其发展带来了一定的促进作用。然而，商业秘密保护制度是否适合我国中药产业的发展，归根结底必须考虑其对社会总体福利的影响，即对中药实行商业秘密保护能否促进社会总体福利的增加。下面即从经济分析的角度对中药商业秘密保护制度做一详细的分析。

一、中药商业秘密保护的经济结构分析

用 NP 表示社会净福利，用 P 表示中药商业秘密保护带来的收益，用 C 表示中药商业秘密保护带来的成本，则 $NP = P - C > 0$，社会总体福利增加，中药商业秘密保护才有意义。

（一）收益分析

实行中药商业秘密保护的收益，首先是中药商业秘密保护给中药生产企业带来的经济利益，这里用 P_1 表示。但是这种利益对于整个社会来讲，只是一种转移支付，在不考虑不同人群的边际效用不同的情况下，对于社会整体福利没有影响。然后，中药商业秘密保护最大的收益是由于中药商业秘密保护带来的垄断利益导致的中药质量的提高以及创新的增加，从而导致社会福利的增加，这里用 P_2 表示。因此，实行中药商业秘密保护的总收益 $P = P_1 + P_2$。

---

①　参见余美琼：云南白药的现代药理作用及其临床新用途，中国民族民间医药杂志，2009 年第 9 期，第 64 – 65 页。

（二）成本分析

实行中药商业秘密保护，社会需要付出的成本包括以下部分：首先是与中药商业秘密保护给中药生产企业带来的经济利益相对应的社会支出，这里用 C_1 表示。对于社会整体来讲，C_1 同 P_1 相等，$C_1 - P_1 = 0$。然后是社会为了中药商业秘密保护的实现而产生的各种交易成本，这里用 C_2 表示。对商业秘密进行保护并惩罚相应的侵权行为会产生相应的维权成本，包括雇用安全保卫人员、以及与员工签署竞业禁止协议、保密协议以及通过司法途径对侵权行为进行打击和预防等，这里用 C_3 表示。由于中药商业秘密保护导致了持有人对相应中药商业秘密的垄断，其他主体没有办法通过接触相应的商业秘密进行后续创新，从而导致社会可能的创新减少，使社会产生一定程度的净损失，这一成本用 C_4 表示。最后，由于中药商业秘密保护导致可获取受保护的中药品种的人数减少从而导致的成本，这里用 C5 表示。因此，实行中药商业秘密保护产生的总成本 $C = C_1 + C_2 + C_3 + C_4 + C_5$。

（三）成本收益权衡

社会净福利 $NP = P(P_1, P_2) - C(C_1, C_2, C_3, C_4, C_5)$。由于 P_1 和 C_1 整体上相等，因此要使 $NP > 0$，就必须保证 $P_2 > C_2 + C_3 + C_4 + C_5$。由于 P_1 即权利持有人的收益比较直观，而激励创新的收益 P_2、交易成本 C_2、维权成本 C_3、阻碍创新的成本 C_4、受益人数减少的成本 C_5 则难以取得准确的统计数字，容易受评估人的主观影响。在一个以资本导向的社会，容易出现夸大 P_2，而缩小 $C_1 - C_6$ 的数值的倾向，因此最终的社会净福利 NP 有可能被高估，从而出现社会净福利 NP 实际上为负数，而立法者仍然以为其为正而继续实行中药商业秘密保护的可能。和专利保护一样，这也是中药商业秘密保护应当注意的地方。同专利权保护相对照，因为 P_2 即持有相应商业秘密的中药生产厂家由于商业秘密垄断的收益导致的对中药发展和创新的作用在一定条件下可能大于专利权保护对中药发展和创新的促进作用带来的利益，而中药商业秘密保护权利实施产生的其他收益和成本都同专利权类似，在没有证据证明两者存在明显差异的情况下，可以认为其相对数额也差不多。因此，在对中药实行专利权保护能增加社会总体福利的情况下，实行中药商业秘密保护同样能增加社会总体福利，即 $NP = P(P_1, P_2) - C(C_1, C_2, C_3, C_4, C_5) > 0$。

二、中药商业秘密保护期限的经济学分析

上述收益和成本随着时间的推移，和专利权的保护类似，会出现边际收益递减和边际成本递增的情况。随着中药商业秘密保护时间的延长，受保护的中药

生产厂商提高产品质量及进行后续创新的可能性越来越小,而且由于技术进步和逆向工程的影响,相应商业秘密的垄断效应会逐渐降低,从而导致实行中药商业秘密保护权促进相关中药质量提高和创新给社会带来的 P_2 逐渐降低。而与此同时,随着受中药商业秘密保护的中药生产的日益发展,如上所述,除了类似于专利保护延长带来的交易成本 C_2、维权成本 C_3 会逐渐递增之外,由于商业秘密垄断产生的价格提高带来的受益者减少的成本 C_6 同样会越来越高。这意味着中药商业秘密保护像专利保护一样,达到一定的年限之后,如果不终止相应的保护,就可能出现社会净福利 $NP<0$ 的情况,而且随着保护时间的继续延长,社会净福利的损失会越来越大。中药商业秘密保护随着保护期的增长产生的经济效应如图 8.1 所示。

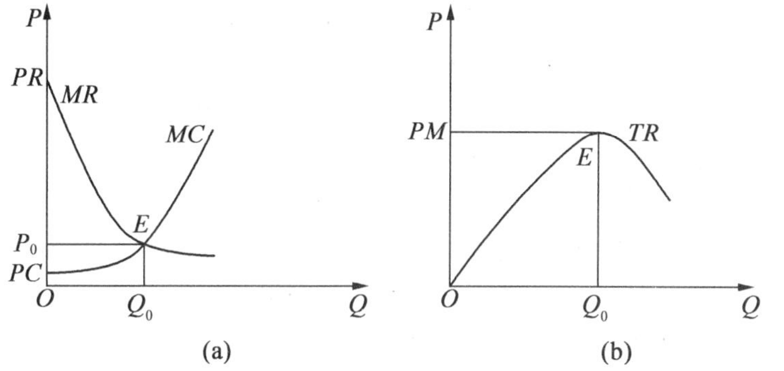

图 8.1　中药商业秘密保护期限的预期效用函数线性模型

图 8.1 中,Q 轴表示中药商业秘密保护保护期限,P 轴表示维护中药商业秘密保护的成本或收益。

从图 8.1(a)中可以看出,随着中药商业秘密保护期限 Q 的增加,代表相应中药商业秘密保护期限延长需要的社会成本(或社会投入)的边际成本曲线 MC 不断上升,即边际成本递增,而代表中药商业秘密保护期限的延长产生的社会收益(或社会效益)的边际收益曲线 MR 则不断下降,即边际收益递减。也就是说,随着中药商业秘密保护期限的延长,每提高一单位中药商业秘密保护期限需要投入的社会资源越来越多,而产生的社会效益越来越少。[①] 只要曲线 MR 在曲线 MC 之上,那么,每提高一单位中药商业秘密保护期限产生的社会效益就大于其需要的社会投入,社会福利就会增加。只要曲线 MR 在曲线 MC 之上,随着中

① 比如将中药商业秘密保护期限从 10 年提高到 11 年所需要的社会投入肯定小于将中药商业秘密保护期限从 70 年提高到 71 年所需要的社会投入。但是,将中药商业秘密保护期限从 10 年提高到 11 年产生的社会效益却肯定要大于将中药商业秘密保护期限从 70 年提高到 71 年所产生的社会效益。

药商业秘密保护期限的提高，社会总福利会持续增加，一直到曲线 *MR* 与曲线 *MR* 相交于 *E* 点，此时的中药商业秘密保护期限为 Q_0。达到 Q_0 后继续增加中药商业秘密保护保护期限，由于曲线 *MR* 位于曲线 *MC* 之下，此时每提高一单位中药商业秘密保护期限需要的社会投入已经超过其产生的社会收益，社会总福利水平不升反降。因此，社会总福利水平在中药商业秘密保护期限为 Q_0，曲线 *MR* 和曲线 *MC* 相交于 *E* 点时达到最大，此时每提高一单位中药商业秘密保护期限需要的社会投入和产生的社会效益刚好相等，均为 P_0，将中药商业秘密保护期限提高到 Q_0 产生的总的社会福利增加值为 *PREPC* 所组成的三角形区域。假设将中药商业秘密保护期限在 Q_0 的基础上继续提高，则社会会在中药商业秘密保护期限为 Q_0 时达到的最大化的社会总福利水平的基础上，产生相当大的损失。

从图 8.1(b)中可以看出，随着中药商业秘密保护期限 *Q* 的增加，代表社会净收益水平变化的曲线 *TR* 最初不断上升，一直到最高点 *E*，此时对应的中药商业秘密保护保护期限为 Q_0，社会净收益达到最高值 *PM*。中药商业秘密保护保护期限超过 Q_0，社会净收益反而不断下降。

综合图 8.1 的分析可知，适当期限的中药商业秘密保护能促进社会总体福利的增加，过长和过短的中药商业秘密保护都会损害社会总体福利水平。

因此总体上来讲，对中药实行中药商业秘密保护有利于社会总体福利水平增加，因此对其实行这种权利保护从经济上来讲是合算的。但是对其保护必须控制在适当的期限之内，过长或过短的保护期限都会对社会总体福利水平造成损害。在现代知识产权保护体系中，虽然没有规定商业秘密保护的期限，但在达到一定期限后，技术进步和逆向工程必然导致相应商业秘密所具有的商业价值完全丧失，从而使相应的商业秘密权利自然消失。

第三节　中药商业秘密保护和专利权保护的经济效用比较

与专利保护类似，商业秘密保护同样作为现代知识产权体系中保护技术创新的重要制度。商业秘密和专利保护相比，其在保护力度、保护形式和保护期限上都有着较大的区别，从而形成了两者各自的优势和缺点。以下即从经济效用方面的比较出发，分析中药商业秘密保护和中药专利权保护各自具有的优缺点。

一、中药商业秘密保护相对于专利权保护的优势

很多法学者或者经济学者认为，商业秘密对知识产品发明人的保护，没有专利法那样全面，因此理性人在完成可申请专利的发明时，应该去寻求专利的保

护，因此商业秘密法必然是仅保护中药等一些水平较低达不到专利保护要求的发明。[①] 上述观点其实是值得商榷的。现实中，很多中药商业秘密的权利人采取了商业秘密的方式保护其知识产权并不是因为其属于难以达到专利保护要求的较低水平发明。商业秘密保护不仅为中药发明者提供了某种不同于专利保护的替代选择，在很多时候其还是中药发明者的唯一选择。[②] 以下即从中药发明者选择商业秘密保护形式保护其“中药发明”的3种情况，分析商业秘密保护相对于专利保护的优势所在。

（一）无法公开的中药商业秘密

权利人拥有的中药发明或秘方无法通过获得专利权的方式获得有效的保护。专利法要求发明者必须公开发明内容，向公众公开是获得专利权的保护前提和基本要件。然而，很多属于商业秘密的中药发明或者秘方一旦公开，即会变得毫无价值。对于此类中药发明或秘方的持有者来说，如果相关中药配方或秘方依据专利法的要求公开，由于中药的传统知识属性，竞争者很容易通过微不足道的修改而绕过专利法的规制，从而使其根本不能获得专利权的有效保护而丧失所有的商业价值。因此无法公开的中药商业秘密并不是不能申请专利保护，而是专利权并不能为其提供有效的保护，从而使权利人无法选择专利保护的方式。在这种情况下，相关主体为了维护自身的利益，必然拒绝通过申请专利的方式保护其中药发明或秘方。如著名的云南白药，虽然其持有人一直面临政府和公众要求公开相关配方的强大压力，但出于保护云南白药商业价值的目的，其一直坚决拒绝将详细的配方公之于众。在这样的情况下，与专利权相比，中药商业秘密保护的优势是非常明显的。

（二）不可专利的中药商业秘密

权利人拥有一项中药发明，但因为其达不到专利保护的相关要求，因此不可能得到专利保护。但是权利人认为，竞争者要想自己做出该中药发明需要大量时间，保密的方式足以使其获得可观的回报。在这样的情况下，因为专利法已经将该项发明排除在专利保护之外，专利权对保护此类中药发明无能为力，但商业秘密权却能为该中药发明提供足够的保护。对于此类中药发明来说，商业秘密保护相对于专利保护的优势同样是非常明显的。至于该商业秘密是否会被长期

---

① 参见金泉源，黄泰康：中药现代化进程中知识产权问题的研究，植物学报，2004年第1期，附页6－8。

② 参见岳晨妍，李野，杨莉等：中药专利保护与商业秘密保护策略，医药导报，2007年第9期，第1106－1107页。

保持，要看该中药商业秘密能够给权利人带来的收益和其保守秘密的成本差额，即相关收益大于成本的时候，商业秘密权利人会继续采取措施保护其商业秘密。如果相反，则权利人将会放弃保护该商业秘密，使其进入公共知识领域。

（三）可专利的中药商业秘密

中药发明人拥有一项可以申请专利的中药发明，其他竞争者很难在专利的保护期做出类似的中药发明，中药发明的权利人为了获得更长时间的垄断，可能会基于以下理由采取商业秘密保护形式。

1. 公开可专利中药发明增加了维权的成本

首先，由于专利法要求将发明公开，竞争者因此可以获得信息在该专利的周边进行发明研究，这样竞争者获得新发现的时间相应缩短，甚至比该中药商业秘密的所有权人或者发明者获得该发明的时间更短，从而使权利人可获得的经济利益减少。其次，专利要求公开信息，中药发明的竞争者即有可能根据这些信息侵犯其专利权。另外，中药发明者或者商业秘密权利人，选择通过专利诉讼保护自己的权益，需要付出高昂的成本。最后，在专利诉讼中，已经获得专利权的发明仍然存在被判定无效的可能性。而对于商业秘密保护来说，只需要权利人采取严格的保密措施，即能杜绝竞争者利用相关技术信息进行后续发明或者是侵权的可能，从而更好地保证自身利益的实现。正是基于以上考虑，促使很多中药发明人选择商业秘密。

2. 适度价值的中药发明专利保护成本高

有一些中药技术和发明可能仅具有适当的价值，利用专利保护的成本很高，包括专利申请以及专利维护的相关费用。商业秘密的保护成本相比之下较低。商业秘密的保护成本应当与商业秘密对于“未来侵权者”所具有的价值相当。该商业秘密越是被相信具有价值，投入其中用于发现该商业秘密的资源就越多。当该秘密仅具有适当价值，其维护成本就可能较低，这样商业秘密的保护成本就比专利保护成本低。取得商业秘密保护的成本，只有在该商业秘密被证明具有充分价值，足以引诱其他人窃取时才会发生。虽然其获得专利保护的持续时间可能更长，但这并不总是代表更多的附加值。现值的折扣、技术变化或者消费者偏好的转换，即使先发明人缺乏专利法的保护，但是时间领先、学习曲线和商标效应等，都会给他们带来持久的竞争优势。

3. 中药商业秘密权可以降低对竞争者重复发明的激励

如果不考虑获取专利与保守商业秘密之间的成本差异，中药发明人要么申请专利以获得更强的保护，要么保守商业秘密以获得更长的时间保护。已经公开的存量中药发明可以降低后续竞争者进行中药重新发明和研究的预期成本，因为存量发明证明了重新发明的可行性，后续发明者无须预算很多可能的失败。

因为无法预知后续发明能否成功，商业秘密保护增加了后续发明者反向工程或重新发明的难度。理论上说，商业秘密的保护形式降低了对重复发明者的激励。当然，这种重复发明的激励机制也不会归零，因为后续重复发明者根据专利法可能获得该中药商业秘密的专利，并且迫使最初的中药发明者放弃使用该发明。对于可申请专利发明，根据专利法，一项发明在先被人知道或者非公开使用，法律上不认为“已经被他人知道或者使用。”然而，正是因为中药商业秘密权可以降低对竞争者重复发明的激励，使相关权利人在技术上的领先地位较专利保护的情况下可能维持更长的时间，从而在此方面具备了对专利保护的优势，促使很多中药发明者选择商业秘密保护的方式。

二、中药商业秘密保护相对于专利保护的不足

商业秘密保护作为一种最古老的保护知识产权的制度，其在现代知识产权保护体系中之所以逐渐被专利保护所取代，重要性逐渐降低，是因为其相对于专利保护来说，无论对于社会还是权利人本身都具有很大的缺陷。

(一)存在资源配置无效率的风险

1. 阻碍技术进步

专利保护和商业秘密保护最大的不同，是受专利保护的技术必须公开。虽然专利权人在一定期限内获得了相应技术的垄断权利，但其他人却可以在该专利技术公开的同时获得相关技术的具体内容，从而有利于其在此基础上进行后续发明，最大限度地促进相关技术创新和进步。而商业秘密保护则对相应中药发明的技术信息采取严格保密措施，其他人无法对此技术进行充分利用，从而对后续中药发明产生严重的阻碍。

2. 重复投资导致资源的浪费

探矿理论认为专利法将发明予以公开，其目的是警告竞争者发明人享有特权，不必进行重复发明，这样就防止了竞争者重复投资造成的浪费。[①] 商业秘密则完全不同，因为商业秘密所保护的中药技术并不具备中药专利技术的专有性，其允许重复发明和逆向工程。一旦相应的中药商业秘密被证明拥有一定的商业价值，其竞争者即可能对其进行重复发明和逆向工程，从而在同一技术开发上造成重复投资，对社会资源形成浪费。

---

① 探矿理论参见埃德蒙得·凯奇 1977 年发表的《专利制度的性质和功能》一文。参见严永和：论传统知识的知识产权保护，北京：法律出版社，2006 年版，第 87 – 96 页。

（二）对中药发明人的保护不足

商业秘密保护相对于专利保护来说，作为权利人的中药发明人并不具备专利保护的独占权利，法律允许其他竞争者通过重复发明和逆向工程等方式获得商业秘密保护的相应技术。一旦竞争者重复发明或者逆向工程成功，其不仅可以合法使用商业秘密保护的技术，甚至可以通过申请专利的方式取得相应技术的独占权利，反过来限制商业秘密持有人的权利。因此对于中药商业秘密持有人来说，其始终必须面对重复工程和逆向工程的风险。商业秘密保护虽然从理论上不具备专利权所具有的期限限制，但因为产品周期和技术周期的影响，其实际保护期限不可能无限，甚至有可能在其产品刚上市即被竞争者逆向工程成功，使其商业秘密完全丧失应有的价值。[①] 而且随着技术的日益进步，竞争者逆向工程的能力会越来越大，权利人通过商业秘密保护其中药发明的风险也必然越来越大。正是由于商业秘密保护的这一风险的存在，使很多中药发明者放弃商业秘密保护的方式，转而选择专利保护的方式对相应技术进行保护。

综上可以看出，中药商业秘密保护同中药专利保护相比，其为中药发明的权利人提供了不同于专利保护的更灵活的选择，在其无法通过专利进行保护、不能通过专利进行保护或者通过专利进行保护不符合权利人利益时，中药商业秘密保护相对于专利保护有着独特的优势。然而，作为一种先与现代知识产权保护体系存在的权利保护方式，中药商业秘密保护同专利保护相比存在着资源配置无效率和对中药发明人保护不足的缺陷。因此必须根据中药发明的具体情况，在中药商业秘密保护和专利保护两者之间进行选择。

第四节　中药商业秘密的价值分析及适用空间

中药属于传统知识的主要组成部分，其与现代知识产权保护体系尤其是专利保护制度存在不兼容的现象。然而，保护中药旨在平衡个体经济利益与中药知识传播，而现代知识产权制度的宗旨是调节公共利益保护与私利保护的关系。在这一层面上，保护中药与现代知识产权制度实现了统一，因此利用现代知识产权制度对中药实行保护是可能的。事实上，现代知识产权体系提供的商业秘密保护，确实能够对相当部分的中药资源提供相应的保护。

---

① 参见魏恒：药品产业化背景下的中药商业秘密冲突研究，烟台：烟台大学 2013 年硕士论文。

与专利制度不同,中药商业秘密制度的设计赋予权利人更加灵活的选择权,通过限制信息的流动来保护中药权利个体的利益,客观上同样促进公共利益的实现。商业秘密制度比较符合中药保护的需求。许多中药产品的配方和工艺、组分难以分析,不会因为中药产品的流通而导致配方和工艺的利益损失。商业秘密权利的获取,无须行政授权,只要商业秘密具有秘密性、经济价值并由权利人采取保密措施即可。这无疑使其成为中药企业保护其权益的最佳选择。国家中医药管理局调查了120家中成药企业,在401种中成药中,61.8%的中成药采取商业秘密进行保护。[①]

总体上来讲,商业秘密制度能够在很大程度上弥补专利制度的不足,中药尤其需要该制度的保护。[②] 首先,商业秘密制度能够覆盖保护中药资源。例如,中药疾病的诊断与治疗方法如针灸、推拿、气功医疗等不能适用专利保护,现实中这些带有行医者浓重个人印记的医疗技术可以由商业秘密制度进行保护 。其次,选择商业秘密保护中药制配工艺,是对风险的合理预断。在中药领域,药材加工、制作以及中药饮片的配伍都是中药药性药效的中药工艺。如果申请专利进行保护,就需要公开相关技术,因为中药配方容易复制,中药侵权在所难免。最后,专利的保护期限虽然为20年,但在现实中,因为取证难的原因,很多被授予专利的中药制配工艺并没有得到良好的保护,而商业秘密对于中药制配工艺来说更具有可操作性。

本章小结

由于中药的传统知识属性,其在很大程度上同以专利制度为代表的现代知识产权体系存在不兼容的现象。而作为先于现代知识产权体系而存在的最古老的知识产权保护方式,商业秘密保护对于中药发展有着特别重要的意义。以商业秘密的形式对中药进行保护有着非常悠久的历史,并由此形成了各种各样的中药秘方,在中药的现代发展中,仍然有很多主体选择商业秘密而不是专利的方式对相应的中药技术进行保护。通过对中药商业秘密保护的经济学分析可知,对中药实行商业秘密保护能够起到促进社会福利增加的作用,但是必须是在适当的期限内。虽然法律没有规定商业秘密保护的期限,但现代社会通过技术进

---

① 参见杨永苹:我国传统医药知识产权保护的若干问题探讨,北京:中央民族大学2007年硕士论文。

② 参见王杨杨:中药的专利和商业秘密联合保护,烟台:烟台大学2013年硕士论文。

步和逆向工程的方式,使达到一定期限的商业秘密自然丧失其商业价值。商业秘密制度同专利制度相比较,其为中药发明的权利人提供了不同于专利保护的更灵活的选择,在其无法通过专利进行保护、不能通过专利进行保护或者通过专利进行保护不符合权利人利益时,中药商业秘密保护相对于专利保护有着独特的优势。然而,作为一种先与现代知识产权保护体系存在的权利保护方式,中药商业秘密保护同专利保护相比存在着资源配置无效率和对中药发明人保护不足的缺陷。因此必须根据中药发明的具体情况,在中药商业秘密保护和专利保护两者之间进行选择。

第九章　中药非物质文化遗产保护的经济学分析

非物质文化遗产保护同现代知识产权保护体系存在很大的不同，其并不以促进创新为目的，因此很多时候人们并不将非物质文化遗产保护作为知识产权保护类型对待。然而，非物质文化遗产保护的对象依然是属于智力财产的范畴，而且其在促进社会进步这一作用上，同现代知识产权保护并无本质的不同。[①]而且非物质文化遗产保护对于作为传统知识主要组成部分的中药保护有着其他保护方式难以替代的作用。因此，本章将非物质文化遗产保护作为中药知识产权保护的一种重要形式进行具体论述。

中药作为我国传统知识的主要组成部分，其本身以文化知识的形式而不是实在物的形式存在。虽然中药在日常生活中经常表现为具体的物质化的中药产品，但从知识的角度，其存在是非物质形式的。根据2011年施行的《中华人民共和国非物质文化遗产法》（以下简称《非物质文化遗产法》）第二条规定，中药作为传统医药被明确列入法律规定的非物质文化遗产保护的范围。

非物质文化遗产保护侧重于保存和保护，可以有效地促进人们对作为中国传统知识主要组成部分的中药的关注，并对相应的中药知识进行系统的整理和保护，可以有效防止由于现代文明的冲击导致其中有价值的部分逐渐失传。因此，其对中药的传承和保护有着特别重要的意义。非物质文化遗产保护的目标仅仅是保存和保护，其在很大程度上并不能满足中药现代化发展的需要，然而其对相关的中药却能产生相应的广告效应，同企业的品牌战略相结合，能对中药产业的发展起到一定的促进作用。以下即通过对非物质文化遗产保护与社会和权利持有人相应的利益关系进行经济学分析，并以广州市中药产业非物质文化遗产保护的现状作为例证，从经济学的意义上对非物质文化遗产保护的作用进行揭示。

---

① 参见贺学君：关于非物质文化遗产保护的理论思考，江西社会科学，2005年第2期，第103－109页。

第一节 中药非物质文化遗产保护概述

非物质文化遗产保护是近年来兴起的、对传统文化知识进行保护的一种形式。中药作为我国传统知识的主要组成部分,必然成为非物质文化遗产保护的主要对象之一。以下即对中药非物质文化遗产保护进行简单概述。

一、中药非物质文化遗产保护的概念

(一)非物质文化遗产的概念

非物质文化遗产(Intangible Cultural Heritage),根据联合国教科文组织2003年通过的《保护非物质文化遗产公约》定义,是指被各群体、团体、有时为个人所视为其文化遗产的各种实践、表演、表现形式、知识体系和技能及其有关的工具、实物、工艺品和文化场所。各个群体和团体随着其所处环境、与自然界的相互关系和历史条件的变化不断使这种代代相传的非物质文化遗产得到创新,同时使他们自己具有一种认同感和历史感,从而促进了文化多样性和激发人类的创造力。①

而根据2011年施行的《非物质文化遗产法》第二条的规定,非物质文化遗产是指各族人民世代相传并视为其文化遗产组成部分的各种传统文化表现形式,以及与传统文化表现形式相关的实物和场所。包括:①传统口头文学以及作为其载体的语言;②传统美术、书法、音乐、舞蹈、戏剧、曲艺和杂技;③传统技艺、医药和历法;④传统礼仪、节庆等民俗;⑤传统体育和游艺;⑥其他非物质文化遗产。属于非物质文化遗产组成部分的实物和场所,凡属文物的,适用《中华人民共和国文物保护法》的有关规定。

因此,非物质文化遗产是指群体世代相传且被其视为文化遗产的各种传统文化的表现形式以及相关的实物和场所。中药作为中华民族这一群体时代相传的传统医药,属于非物质文化遗产的重要组成部分。

(二)中药非物质文化遗产保护的概念和意义

中药非物质文化遗产保护,即中药作为非物质文化遗产的主要组成部分之

① 参见余悦:非物质文化遗产研究的十年回顾与理性思考,江西社会科学,2010年第9期,第7-20页。

一，按照《非物质文化遗产法》的相关规定，对其采取包括调查、登记、传播、传承等方式进行保存和保护，以促进中华文化的优良传统的保存和发展。中药非物质文化遗产保护主要具有以下意义。

1. 挽救民间验方和秘方

中药的很多民间验方和秘方在中药现代化发展的过程中，由于人们对其价值认识不足，时刻面临着失传的危险，通过非物质文化遗产保护，可以通过调查和登记的方式，使其得到及时保存。

2. 提高中药的声誉

非物质文化遗产保护通过调查和登记的方式，会定期公布不同级别的非物质文化遗产名录。由于这些名录的权威性，尤其是联合国公布的名录和中国的国家级名录，其在民众中间存在巨大的影响。相关中药知识进入非物质文化遗产名录，会在相当程度上提高中药的声誉，吸引人们对中药的传承和发展进行关注。

3. 促进中药产业的发展

非物质文化遗产名录的公布，不仅能提高相关中药的声誉，而且会在此基础上产生巨大的广告效应，使人们增加对中药产品的信任和购买欲望，从而刺激相关中药产品的市场销售，促进中药产业的发展。

二、中药非物质文化遗产保护的特点

由于保护对象的特殊性，中药非物质文化遗产保护主要有以下特点。

（一）保护方式上的分级管理模式

非物质文化遗产根据《非物质文化遗产法》第七条以及国务院 2005 年发布的《关于加强文化遗产保护的通知》的规定，一共分为国家级、省级、市级和县级四级保护体系，并按照各自的级别制作相应的国家级、省级、市级和县级非物质文化遗产名录。除此之外，联合国教科文组织根据《保护非物质文化遗产公约》，还会公布其认定的非物质文化遗产名录，并提供公约规定的保护措施。因此在中药非物质文化遗产的保护方式上，采取的是联合国《非物质文化遗产公约》的保护以及国内《非物质文化遗产法》规定的国家、省、市、县四级保护并存的分级管理模式。[①]

① 参见支果：论非物质文化遗产的知识产权保护——以盐文化相关的非物质文化遗产为例，广西社会科学，2014 年第 7 期，第 180 – 183 页。

(二)保护对象的世代传承性

中药非物质文化遗产保护的对象,同现有的《中药品种保护条例》保护企业生产的中药品种不同,其保护的是具有悠久历史传承的中药知识,这些中药知识必须具备时代传承的特性。如 2006 年首次公布的国家级非物质文化遗产名录中包含的王老吉凉茶,即为自 1828 年延续至今的中药传承。

(三)侧重于中药知识的保存和保护

中药非物质文化遗产保护的目的是保护和保存世代传承的中药知识,使其能够在现代社会继续存在。虽然其通过公布非物质文化遗产名录的方式,对相关中药的发展有着良好的广告效应,从而促使其快速发展。如 2006 年国家公布的首批非物质文化遗产名录中包含了王老吉凉茶,即在相当程度上促进了王老吉凉茶的飞速发展。但这只是非物质文化遗产保护的附带效应,其根本目的仍然侧重于中药知识的保存和保护,而不是促进中药产业的发展。

第二节　中药非物质文化遗产保护的经济学分析

一、非物质文化遗产保护的经济结构分析

对非物质文化遗产提供相应的保护,是为了保证对人类进步具有促进作用的文化传承在现代社会的延续,从而最终为促进社会进步服务。[①] 因此,对非物质文化遗产提供保护,其对社会产生的收益应当超过实行这种保护产生的成本,从而给社会带来净福利的增加,实现促进社会进步的目的。用 NP 表示社会净福利,用 P 表示非物质文化遗产保护带来的收益,用 C 表示非物质文化遗产保护带来的成本,则 $NP = P - C > 0$,非物质文化遗产保护才有意义。

(一)收益

实行非物质文化遗产保护的收益首先是这种保护给非物质文化遗产持有人带来的经济利益,这里用 P_1 表示。但是这种利益对于整个社会来讲,只是一种转移支付,在不考虑不同人群的边际效用不同的情况下,对于社会整体福利没有

---

① 参见姚磊:非物质文化遗产研究述评,广西社会科学,2013 年第 10 期,第 54 – 59 页。

影响。其次,非物质文化遗产保护最主要的收益是由于这种保护使相应非物质文化遗产的传承能得到相应的保障,从而使其能持续发挥对社会进步的促进作用,导致社会福利的增加,这里用 P_2 表示。

(二)成本

成本方面,首先是与非物质文化遗产持有人带来的经济利益相对应的社会支出,这里用 C_1 表示。对于社会整体来讲,C_1 同 P_1 相等,$C_1 - P_1 = 0$。然后是非物质文化遗产保护导致的成本,非物质文化遗产保护不能交易,不存在相应交易产生的费用,其产生的最主要的社会成本是维持非物质文化遗产的正常传承需要的支出,如调查、登记、传播、维护等必要的保护措施产生的费用,这里用 C_2 表示。

(三)非物质文化遗产保护的经济效应

社会净福利 $NP = P(P_1, P_2) - C(C_1, C_2)$。由于 P_1 和 C_1 整体上相等,因此要使 $NP > 0$,就必须保证 $P_2 > C_2$,即保证相应非物质文化遗产的传承对社会进步产生的收益应当超过相应保护措施产生的支出。一般来讲,列入非物质文化遗产名录的级别越高,说明其传承对社会进步产生的收益越大,因此有必要采取力度更大、成本更高的高级别保护。①

二、非物质文化遗产保护期限的经济学分析

非物质文化遗产最重要的特征之一是其世代传承性,随着时间的延长,非物质文化遗产基本不会发生变化,由于非物质文化遗产保护导致的社会净福利 $NP = P(P_1, P_2) - C(C_1, C_2)$ 也基本不会产生变化。因此,非物质文化遗产保护产生的社会效用并不会因为时间的延长而出现边际成本增加和边际收益递减的现象,在其他条件不变的情况下,其社会效益同样不变。非物质文化遗产保护产生的社会效益与保护年限关系的线性模型如图 9.1 所示。

图 9.1 中,Q 轴表示非物质文化遗产保护期限,P 轴表示非物质文化遗产保护的成本或收益。

从图 9.1(a)中可以看出,随着非物质文化遗产保护期限 Q 的增加,代表相应非物质文化遗产保护期限延长需要的社会成本(或社会投入)的边际成本曲线 MC 和代表非物质文化遗产保护期限的延长产生的社会收益(或社会效益)的边际收益曲线 MR 是两条基本保持平行的直线。也就是说,随着非物质文化

① 参见孙嫦娥:天津非物质文化遗产知识产权保护探究——成本收益视角,天津:天津工业大学 2012 年硕士论文。

遗产保护期限的延长，每提高一单位非物质文化遗产保护期限需要投入的社会资源及产生的社会效益基本不变。只要曲线 *MR* 在曲线 *MC* 之上，每提高一单位非物质文化遗产保护期限产生的社会效益就大于其需要的社会投入，社会福利就会增加，随着非物质文化遗产保护期限的逐渐延长，社会总福利会持续增加。因为曲线 *MR* 始终在曲线 *MC* 之上，因此对于现代社会来说，非物质文化遗产保护期限越长，其获得的社会总福利增加得越多，最符合现代社会利益的非物质文化遗产保护期限是无限期的永久性保护。

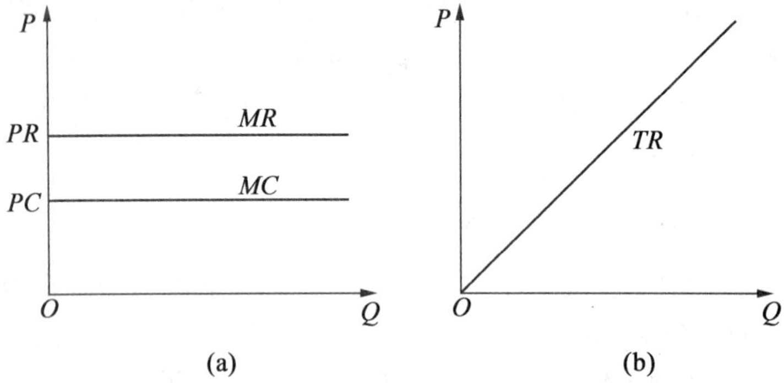

图 9.1　非物质文化遗产保护产生的社会效益与保护年限关系的线性模型

从图 9.1 中可以看出，随着非物质文化遗产保护期限 Q 的增加，代表社会净收益水平变化的曲线 *TR* 不断上升，保护期限越长，社会净收益越大，因此最佳的保护期限是无限期的永久性保护。

综上所述，对非物质文化遗产实行无限期保护最符合现代社会的要求。事实上，无论是《保护非物质文化遗产公约》还是《非物质文化遗产法》均没有为其设置任何保护时间上的限制，即实行事实上的永久性保护。

三、中药非物质文化遗产保护的经济效用

中药作为一种特殊的非物质文化遗产，其同普通的非物质文化遗产最大的不同是其同时作为现代产业一部分的特殊性。正是因为中药这一特殊性的存在，中药非物质文化遗产保护相对于普通非物质文化遗产保护对社会进步具有更大的促进作用。除了普通非物质文化遗产保护导致权利持有人获得的收益 P_1 和保证正常传承产生的社会收益 P_2 之外，中药非物质文化遗产还会产生第 3 种收益，即由于非物质文化遗产保护的广告效应对中药产业发展的促进作用，这里用 P_3 表示。因此，中药非物质文化遗产保护产生的社会净福利为 $NP = P(P_1, P_2, P_3) - C(C_1, C_2)$。在其他条件基本相同的情况下，相较于普通的非物质文化遗产保护，因为非物质文化遗产的广告效应对中药产业发展的促进作用，

中药非物质文化遗产保护能为社会带来更大的社会净福利的增加。

在非物质文化遗产保护的支持下，被列入非物质文化遗产名录的中药产品普遍保持着高速发展的势头，如广州市被列入国家非物质文化遗产名录的王老吉凉茶、星群夏桑菊等，均成长为国内同类中药产品的领导品牌。

第三节　中药非物质文化遗产保护对中药企业作用的经济学分析

通过对中药非物质文化遗产保护的经济学分析可知，对中药进行非物质文化遗产保护，因为其为保证中药的传承以及促进相关中药产业发展所产生的社会收益超过对其采取相应保护措施产生的成本，因此对中药进行非物质文化遗产保护是符合社会整体利益的。但是中药企业是否选择对符合条件的中药申请非物质文化遗产保护，其关键因素则是其是否能对中药企业效益的增加起到相应的促进作用。决定其是否需要对符合条件的中药申请非物质文化遗产保护的关键是这种利益能否抵消其为获得这一保护需要付出的成本。

一、非物质文化遗产保护对中药企业产生作用的经济结构分析

中药企业是否选择非物质文化遗产保护的关键，是其能否为其带来净效益的增加。用 NP 表示中药企业净效益，用 P 表示非物质文化遗产保护为中药企业带来的收益，用 C 表示非物质文化遗产保护为中药企业带来的成本，则 $NP=P-C>0$，非物质文化遗产保护对中药企业才有意义。

（一）收益

实行非物质文化遗产保护对中药企业的收益比较简单，主要是非物质文化遗产保护产生的广告效应，可以为企业节约可观的产品推广的营销费用，从而导致企业效益的增加，这里用 P_1 表示。

（二）成本

成本方面，对于中药企业来说，非物质文化遗产保护产生的费用仅包括采取相应的保护措施导致的费用，这里用 C_1 表示。

（三）非物质文化遗产保护对中药企业经济效益的影响

中药企业净效益 $NP=P(P_1)-C(C_1)$。要使 $NP>0$，就必须保证 $P_1>C_1$。

被列入非物质文化遗产名录的中药,都具有悠久历史传承,并对社会进步产生过相应促进作用的特征。在这样的情况下,对其实行非物质文化遗产保护产生的广告效应是非常巨大的,由此给相应中药企业带来的收益 P_1 同样数额不菲。而对列入非物质文化遗产名录的中药采取保护措施也需要一定的成本 C_1,但相对于其广告相应产生的客观收益 P_1 来说,这一成本是微不足道的。因此,列入非物质文化遗产名录的中药都是相应企业的重要财富,其对企业经济效益的增长有着巨大的促进作用。

但与此同时,中药企业应当看到,中药非物质文化遗产保护的广告效应归根结底并不来自于被列入相应名录的中药本身,而是其在悠久的历史传承中累积而成的商业信誉。同地理标志保护的作用类似,这种商业信誉为消费者提供了相应的质量保证,大幅缩减了其鉴别费用和使用风险,增强消费者购买相应商品的意愿。[①] 因此中药非物质文化遗产的广告效应产生的利益 P_1 来源于相应中药悠久历史传承所形成的良好商业信誉,维持良好的商业信誉是保证中药非物质文化遗产保护产生的广告效应的基础。如果获得非物质文化遗产保护的中药所在的企业滥用这一广告效应,生产质次价高的中药产品,其为企业可能带来的收益 P_1 就会迅速消失,而且还会损害非物质文化遗产保护的中药本身的声誉。

二、非物质文化遗产保护期限对中药企业影响的经济学分析

中药非物质文化遗产保护对其持有者来说,其所代表的中药经历了长期的历史考验,因此质量的稳定性是很强的,所对应的保护收益和成本也是相对固定的。在这样的情况下,中药非物质文化遗产保护并不会随着时间的推移而出现边际成本上升和边际收益下降的情况。

由于非物质文化遗产保护下的中药都是经过长期历史发展传承下来的久经考验的效果良好的产品,在相应的中药企业经营正常的情况下,其为市场淘汰的可能性很小,因此可以认为这些中药产品的市场周期是永久性的。由于相应的中药产品市场的相对稳定,非物质文化遗产保护产生的企业总收益 $P = P_1$ 以及相应的成本 $C = C_1$ 同样不会发生变化。因此由于非物质文化遗产保护导致的企业净收益 $NP = P(P_1) - C(C_1)$ 也不会产生变化。因此,非物质文化遗产保护产生的社会效用并不会因为时间的延长而出现边际成本增加和边际收益递减的现象,在其他条件不变的情况下,其对企业产生的经济效益同样不变。非物质文化遗产保护产生的企业效益与保护年限关系的线性模型如图 9.2 所示。

---

① 参见张志友:中医药非物质文化遗产法律保护——以贵州少数民族地区苗药为例,贵阳:贵州大学 2010 年硕士论文。

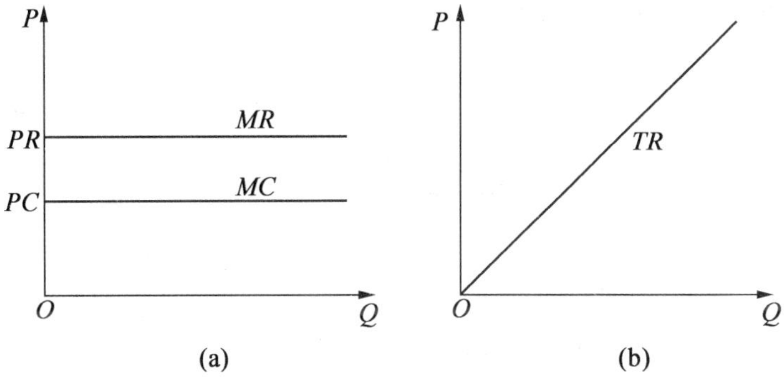

图 9.2　中药非物质文化遗产保护产生的企业效益与保护年限关系的线性模型

图 9.2 中,Q 轴表示非物质文化遗产保护期限,P 轴表示非物质文化遗产保护的成本或收益。

从图 9.2(a)中可以看出,随着非物质文化遗产保护期限 Q 的增加,代表相应非物质文化遗产保护期限延长需要的中药企业成本(或中药企业投入)的边际成本曲线 MC 和代表非物质文化遗产保护期限的延长产生的中药企业收益(或中药企业效益)的边际收益曲线 MR 是两条基本保持平行的直线。也就是说,随着非物质文化遗产保护期限的延长,每提高一单位非物质文化遗产保护期限需要投入的中药企业资源及产生的中药企业效益基本不变。只要曲线 MR 在曲线 MC 之上,每提高一单位非物质文化遗产保护期限产生的中药企业效益就大于其需要的中药企业投入,中药企业净效益就会增加,随着非物质文化遗产保护期限的逐渐延长,中药企业净效益会持续增加。因为曲线 MR 始终在曲线 MC 之上,因此对于这些中药企业来说,非物质文化遗产保护期限越长,其获得的净效益增加越多,最符合这些中药企业利益的非物质文化遗产保护期限是无限期的永久性保护。

从图 9.2(b)中可以看出,随着非物质文化遗产保护期限 Q 的增加,代表中药企业净效益水平变化的曲线 TR 不断上升,保护期限越长,中药企业净效益越大,因此最佳的保护期限是无限期的永久性保护。

第四节　广州市中药非物质文化遗产保护的现状及其反映的问题

广州市中药产业发展有着悠久的历史,因此其符合中药非物质文化遗产保护条件的资源也相当丰富。在非物质文化遗产保护日益受到人们关注的情况下,以广药集团为主的广州市中药产业也积极开展了中药非物质文化遗产保护的相应措施,并取得了一定的成果。但由于非物质文化遗产开展的时间不长,仍然存在很多亟待解决的问题。

一、广州市中药非物质文化遗产保护的现状

到目前为止,以广药集团为主的广州市中药非物质文化遗产保护取得了相当大的成绩。通过对其拥有的具有悠久历史的中药资源的保护和发展,广药集团拥有的进入国家级非物质文化遗产名录的中药即有6种,包括王老吉凉茶(拥有我国凉茶非物质遗产第10到15号秘方及术语)、星群夏桑菊、白云山大神口焱清、陈李济传统中药文化、潘高寿传统中药文化以及中一"保滋堂保婴丹制作技艺"等。对这些中药非物质文化遗产的保护,不仅保证了相应中药传承的延续,而且对广药集团相关中药产品的发展提供了良好的促进作用。正如对中药非物质文化遗产经济分析中所提到的,在非物质文化遗产保护广告效应的促进下,广药集团的品牌战略获得了巨大的成功。上述进入国家级非物质文化遗产名录的6种中药均已成为同类产品的领导品牌,其使用的"王老吉""白云山""陈李记""潘高寿""中一"等商标均已成为中国驰名商标。其中广药集团对国家级非物质文化遗产"王老吉凉茶"的保护和发展,更是广州市中药非物质文化遗产保护取得良好效果的典型。王老吉1828年创建于广东鹤山,最开始主营避暑止咳的草药,后来逐渐演变成为既可治病又能降暑的凉茶。新中国成立后,王老吉经过多次改名并于1996年划归广药集团。随后,广药集团经过一系列的努力,成功解决了凉茶的包装、储存和运输问题,创造性地开发出盒装和罐装王老吉凉茶饮料,并开发多种凉茶制品,包括无糖、低糖、含糖,固体型、现调型等,从而使凉茶生产规模和产业基础不断扩大,使王老吉这一"中华老字号"成功地走向全国,走向世界,为中华凉茶文化的传播奠定了坚实的基础。2006年,王老吉凉茶被成功列入国家非物质文化遗产名录,是非物质文化遗产名录中唯一的凉茶产品。其不仅拥有悠久的历史传承,在某种意义上成为了中华凉茶文化的杰出代表,而且同"王老吉"的品牌战略相结合,成为中国知名度最高、市场占有率领先的凉茶品牌。[①]

二、广州市中药非物质文化遗产保护现状反映的问题

广州市中药非物质文化遗产保护现状作为我国中药非物质文化遗产保护的一个缩影,不仅体现了中药非物质文化遗产保护日益受到人们的关注,方兴未

---

① 本章有关广药集团的相关数据均来自广州医药集团有限公司企业网站,具体参见http://www.gpc.com.cn/news/about/gsjj.html,2015年7月22日15:00。

艾,并且取得了一定成绩的现状,也反映出中药非物质文化遗产保护存在的一系列问题。

(一)中药非物质文化遗产保护意识有待加强

作为广州市中药主要经营者的广药集团,在其集团介绍的网页上,仅介绍其被纳入国家级非物质文化遗产名录的6种中药,而被纳入省级、市级非物质文化遗产名录的中药完全没有任何介绍。与之相对照,在同一个网页的集团商标的介绍上,则具体列出了国家级、省级、市级驰名商标数十种。这在很大程度上反映出国内中药经营者对待非物质文化遗产保护的态度,即认为非物质文化遗产保护对企业的作用远小于商标保护的作用,只有国家级的才有点分量,国家级以下的则聊胜于无。[①] 这种对非物质文化遗产保护的意识淡薄,导致包括广药集团在内的国内中药经营者普遍忽视对非物质文化遗产保护的投入和宣传,严重阻碍了中药非物质文化遗产保护工作的展开及其对中药产业发展促进作用的顺利实现。

(二)中药非物质文化遗产保护投入严重不足

与中药非物质文化遗产保护意识淡薄相适应,广州市中药非物质文化遗产保护的投入严重不足。广药集团在其企业网页介绍上之所以只介绍其被纳入国家级非物质文化遗产名录的6种中药,除了与其非物质文化遗产保护的意识不足有关之外,也同中药非物质文化遗产保护投入,尤其是地方政府的投入严重不足有关。[②] 截止到2015年底,广东省共公布了六批非物质文化遗产名录,其中仅第二、三、四、五批名录中涉及中药项目,而且均只有一到三项,其加总起来的总数和具体项目都与纳入国家级名录保护的中药项目相差不大。各级政府非物质文化遗产名录反映了中药非物质文化遗产保护的具体投入方向。然而,华南中药产业最重要生产基地的广州市,仅有6项中药被纳入国家级保护名录,而省级地方名录居然同国家名录几乎雷同,使很多符合条件的中药非物质文化遗产得不到应有的保护。中药非物质文化遗产保护投入的严重不足,大大阻碍了其对中药产业发展促进作用的发挥。

---

① 参见费安玲:非物质文化遗产法律保护的基本思考,江西社会科学,2006年第5期,第12-16页。

② 参见王隽,张艳国:论地方政府在非物质文化遗产保护利用中的角色定位——以江西省域为个案的分析,江汉论坛,2013年第10期,第115-121页。

(三)未充分发挥非物质文化遗产名录的广告效应

中药非物质文化遗产对中药产业发展的促进作用,主要是通过其被纳入非物质文化遗产名录的广告效应而实现的。如广药集团的王老吉凉茶,其在被纳入国家首批非物质文化遗产名录之后,即通过多种方式宣传这一事实,从而产生了良好的广告效应,有力促进了王老吉凉茶的高速发展。然而,王老吉凉茶对其非物质文化遗产保护的广告效应进行利用的情况只是个别现象,广药集团其他被纳入非物质文化遗产保护的中药均没有进行类似王老吉凉茶对其非物质文化遗产保护进行大力宣传的活动。[①] 由于拥有被列入非物质文化遗产名录的中药经营者没有意识到其具有的巨大广告效应,普通民众几乎不知道这些中药被列入非物质文化遗产的事实。很少有中药经营者将非物质文化遗产保护纳入其品牌战略中,即使是王老吉凉茶,也仅仅将其被纳入非物质文化遗产国家级名录的事实通过陈列馆和展览会以及相关活动的方式进行宣扬,并没有将其在产品的包装上以及大型促销活动上进行更贴近普通消费者的进一步宣传。[②] 在中药市场上几乎找不到将相关中药被纳入非物质文化遗产保护的内容反映在具体的产品包装上的例子,从而严格限制了非物质文化遗产名录广告效应的发挥,使其促进中药产业发展的作用难以顺利实现。

本章小结

非物质文化遗产保护侧重于保存和保护,对中药的传承和保护有着特别重要的意义,但在很大程度上并不能满足中药现代化发展的需要。然而其对被纳入名录的中药具有很大的广告效应,同企业的品牌战略相结合,能对中药产业的发展起到一定的促进作用。通过对非物质文化遗产保护的经济学分析可知,由于非物质文化遗产的传承能够促进社会进步,足以抵消相应的保护措施产生的成本,从而产生社会总体福利的净增加,因此对其实施保护是符合社会总体利益的。而中药由于同时属于现代产业的组成部分,在其他条件基本相同的情况下,相较于普通的非物质文化遗产保护,中药非物质文化遗产保护能为社会带来更

---

① 参见冯辽沙:从广州市文化产业发展看非物质文化遗产保护和发展管理模式,西安:西北大学2008年硕士论文。

② 参见窦晓彤:非物质文化遗产生产性保护与产业升级——以广东地区项目为例,广州:中山大学2010年硕士论文。

大的社会净福利的增加。正是因为非物质文化遗产保护能给中药产业带来巨大利益,中药非物质文化遗产保护对中药经营者的重要性日益增强。虽然非物质文化遗产保护的兴起时间不长,广州市中药非物质文化遗产保护已经取得了一定的成果。广药集团的6个品种的中药被纳入国家非物质文化遗产保护名录。然而,中药非物质文化遗产保护仍然存在意识有待加强、投入严重不足以及未能充分发挥其广告效应等问题,阻碍了其充分发挥促进中药产业发展的作用。

第十章　中药知识产权保护的对策建议

中药的传统知识属性很难达到现代知识产权保护的新颖性要求，两者之间存在一定程度不兼容的情况。单纯使用现代知识产权保护体系很难达到保护和促进中药发展的要求。然而，中药不仅具有传统知识属性，其同样属于中国现代产业体系的重要组成部分，单纯将其作为传统知识进行保护必然会阻碍中药产业的现代化进程。要保持中药产业的竞争力，就必须通过现代知识产权保护以促进其顺利发展。正是因为中药同时具有传统知识和现代产业的双重属性，使中药的知识产权保护呈现出不同于一般产业的独特个性。与之相对应的保护方式不仅包括现代知识产权体系中的专利权、商标权等，还包括专门为传统知识保护设计的非物质文化遗产保护，部分为传统产业服务的地理标志、商业秘密权保护以及专门为中药量身定做的中药品种权保护等。

通过结合广州市中药产业的相关数据，对中药知识产权保护所包括的专利权、中药品种权、商标权、地理标志、商业秘密，以及非物质文化遗产保护的经济学分析可知，这些知识产权保护方式均能在一定程度上促进中药产业的发展，但均存在进一步改进的空间。根据中药知识产权保护的具体功能，可以将其分为促进创新和提高中药产品声誉两种类型，以下即在之前分析指出的不同形式知识产权保护具有的特点的基础上，提出中药知识产权保护在促进创新和品牌战略以及不同知识产权保护形式的具体对策建议。

第一节　促进中药创新的具体对策

中药作为现代产业的重要组成部分，必须通过相应的激励创新的机制以保持其市场竞争力和持续发展的能力，就目前来讲，促进中药创新的知识产权保护体系主要包括专利权、中药品种权、商业秘密权等具体保护方式。然而，中药的传统知识属性和现代知识产权保护体系最大的矛盾，在于其世代相传的特性难以达到专门用来促进创新的专利权制度的新颖性要求，从而对中药的保护和发展作用非常有限。为了解决这一问题,国家专门为中药量身定做了中药品种权保护,同时中药保护自身知识产权的传统方式商业秘密权也在继续发挥作用。然而,中药品种权和商业秘密权同专利权相比,对相应的中药创新无论在保护力度还是激励机制上都存在一定的差距。因此有必要采取相应的对策措施,以充分发挥这些中药知识产权保护方式对中药创新的促进作用。

一、中药专利权保护的具体对策

经过之前的经济学分析可知,[①]中药专利权保护存在的最大问题是:中药专利的创新性不足导致其难以对市场形成足够的垄断,以产生足够的经济激励促进中药产业的进一步发展。针对这一问题的存在,可以考虑的具体对策如下所述。

(一)加大对中药研究的基础性投入

中药专利存在的根本问题是其传统知识属性导致新颖性不强,难以获得较强的技术上的不可替代性,从而导致上述一系列问题的存在。解决这一难题的关键,是加大对中药研究的基础性投入,以成功实现中药这一传统知识的现代化转型。鉴于中药对于人民健康和国民经济的重要性,国家应当在将中药基础研究纳入战略发展规划的基础上,进一步加大相应的投入,组织相关研究机构进行重点攻关,力争出现多项类似于“青蒿素”的重大突破,并在此基础上进行后续创新开发。通过中药技术的较大进步提高中药专利的不可替代性,使其持有者能获得对市场的正常垄断能力并获得相应的经济利益,是解决中药专利申请结构不合理以及企业对专利申请积极性不高的根本途径。

(二)推广产学研结合的中药研发机制

要保证中药产业的可持续发展,就必须解决中药专利的产业化问题。而从之前的分析可知,我国的中药产业存在严重的研发同市场相脱节的问题,作为研发主力的高校同作为市场主力的企业之间缺乏必要的沟通和协调。因此有必要在中药研发方面大力推广产学研相结合的机制,除了国家规定的基础性研究外,高校的中药研发项目应当主要由企业根据市场需求提供,由企业承担相关专利的研发费用并享有相应收益,保证中药专利产业化的顺利开展。

(三)同企业的品牌战略紧密结合

虽然解决中药专利权保护存在问题的根本出路是提高相关中药专利技术的

---

① 参见本书第四章:中药专利权保护的经济学分析。

不可替代性,但在目前中药专利技术不可替代性差的情况下,要充分发挥中药专利保护对中药产业的促进作用,就必须利用中药专利的广告效应,将其同企业的品牌战略紧密结合。建议采取类似广药集团将“复方丹参片”的相关专利作为其广告宣传重要组成部分的做法,尽可能增加中药专利可能产生的收益,提高企业开发中药专利的积极性,部分解决中药企业申请专利积极性不足的问题。

二、中药品种保护的具体对策

中药品种保护某种程度上是针对中药的传统知识属性在新颖性上难以达到现代知识产权保护体系尤其是专利权保护的要求,而为其量身定做的保护制度。然而,通过之前的经济学分析可知,[①]这一制度存在抑制中药创新、不利于中药保护的国际化以及保护力度不足等明显的弱点,从长远上不利于中药产业的可持续发展。针对这些问题的存在,建议采取以下具体对策。

(一)逐步缩小中药品种保护的范围

中药品种保护的目的是规范中药市场,促进中药产品质量的提高。由于其不需要专利权保护规定的新颖性要求即可以取得事实上的市场垄断,因此广受中药生产厂家欢迎,并成了中药生产厂家用来对中药进行知识产权保护的主要方式。然而,经过中药品种保护20多年的实行,中药市场已经有了非常显著的变化。截止到2005年底,即有45个获中药保护的单一品种销售额超过亿元,6个超过5亿元,3个超过10亿元。这些数据表明,很多获得中药品种保护的中药产品已经具备了相当大的市场规模,相关厂家无论在市场还是质量保证方面都具备了相当雄厚的能力。在这样的情况下,继续对相关中药产品实行中药品种保护实际上等于通过法律的方式人为制造市场垄断,而且因为这种垄断的取得并不以创新为要件,社会并不能获得激励创新的利益,只会造成总体福利水平降低。因此,建议对中药品种保护设置相应的退出机制,规定获得中药品种保护的单一品种销售额超过亿元之后即取消对其的保护,以促进市场竞争,降低中药品种保护被中药企业滥用的风险。

(二)逐步降低中药品种的实际保护期限

中药品种保护法定平均保护期限远长于专利权提供的20年、10年的保护。这种过长的保护期不仅因为法定的垄断导致资源配置的无效率,而且这种保护直接违反了TRIPS协议规定的最长保护期限,容易导致贸易伙伴的报复。因此,有必要采取相应措施逐步降低中药品种的实际保护期限。首先,应当对中药

① 参见本书第五章:中药品种保护的经济学分析。

品种权的续期进行严格限制，对于受保护的中药单一品种销售额超过 5 000 万元以上即应无条件地拒绝续期，并且明确规定所有中药品种权保护续期最多不能超过一次。其次，对于中药品种权的保护期，一级保护品种分别降为 20 年、10 年、7 年，二级保护品种降为 5 年。最后，对于中药品种实际保护期限降低后涉及的某些中药品种尤其是一级中药品种的技术保密的问题，则由商业秘密法来调整。只有逐步降低中药品种的实际保护期限，才能逐步消除目前明显过长的保护期限对中药发展的损害，最大限度增加社会福利水平。

（三）逐步取消中药品种保护

之所以对中药实行中药品种保护，是因为中药作为传统知识的一种，其难以通过现代知识产权保护体系如专利权的保护促进其创新，从而具备自我发展和自我进步的能力，因此必须对其制定特别的保护制度如中药品种保护对中药的发展加以扶持。然而，中药产业发展到现在，已经占据了整个医药市场的 30% 左右，仅中成药 2012 年即达到 5 156 亿元的产值。[①] 以上数据表明，我国的中药产业已经具备了相当规模，已经不是 20 年前需要进行特别保护的弱小产业，基本具备了在现代社会的市场竞争中存活和发展的能力。在这样的情况下，对其继续进行以中药品种保护，即有可能使相关企业在不需要进行任何创新的情况下保持其市场垄断和领先地位，从而不利于中药产业的健康发展。因此建议在之上逐步缩减范围以及减少保护年限的基础上，逐步取消中药品种保护，是中药产业真正直面激烈的市场竞争，并在其中获得良好的自我创新和持续发展的能力。具体来讲，可以由相关行政部门在通过充分的市场调研之后发布通知，规定在某个具体期限之后不再受理新的中药品种保护以及续期的申请，对有关中药技术的创新和保密的问题，分别转由专利法和商业秘密法予以规制。

三、中药商业秘密保护的具体对策

中药商业秘密保护主要涉及某些中药的加工工艺以及中药配方的保护，作为中药知识产权保护最古老并且延续至今的保护方式，中药商业秘密保护同专利保护相比较，存在不能有效促进创新和对持有人保护不足等问题，[②]建议采取以下具体对策。

---

① 以上数据参见中国行业资讯网“2012 年我国中药工业总产值已达 5156 亿元”，http://www.china-consulting.cn/news/20130606/s88046.html，2013 年 9 月 3 日 9:53。

② 参见本书第八章：中药商业秘密保护的经济学分析。

(一)加大对中药专利侵权的打击力度

很多中药发明者之所以不选择专利保护,是因为担心其申请专利后就必须将相应的中药技术公开,从而使竞争者能够轻易获得相应的技术信息,并在此基础上仿制或者再创新,使其丧失技术上的竞争优势。选择商业秘密保护而不是专利保护确实能够在一定程度上避免这一风险,但却使现代社会设计专利制度促进创新的目的无法实现。因此,必须采取相应措施打消这些中药发明者的顾虑,使其转而寻求专利权保护。建议由中药行业协会同相关执法部门合作,成立专门的中药专利侵权调查和处理小组,对全国的中药专利侵权进行调查和监测,在获知有侵权嫌疑的中药进入市场时,由执法部门迅速予以处理,从而有效减少相应的中药专利侵权现象。通过加大对中药专利侵权的打击力度,可以有效树立中药发明者对专利制度的信心,从而尽可能地选择中药专利而不是商业秘密的方式保护其技术发明。

(二)明确以中药的临床效果而不是其成分判定其是否符合安全标准

很多中药商业秘密拥有者目前处于非常尴尬的境地,一方面需要保守其中药的配方以维持市场竞争优势,另一方面公众出于对安全的考虑要求公开其具体成分。然而,由于中药复杂的配伍原理,其具体成分是否安全同其配伍后的中药是否安全往往差别很大,因此其具体成分是否安全同中药本身是否安全之间并没有必然的逻辑联系。事实上,现代社会对于药物的安全有着更为可靠和更为安全的检验方法,即药物的临床实验,在通过严格的临床实验证明了其安全性的基础上,要求中药商业秘密拥有者进一步公开其具体成分既没有必要又会对中药商业秘密拥有者造成很大的伤害。如家喻户晓的云南白药,其使用的安全性已经得到了无数临床实例的验证,即没有必要其技术持有者公开具体成分,假如公开了具体成分,云南白药在配方上的竞争优势即荡然无存,有可能导致其最终从市场上消逝。因此必须在相关法律中明确规定,对中药商业秘密的拥有者,不需要其公布相应中药的具体成分,但是必须通过严格的临床实验证明安全性后,才允许正式上市。

四、促进中药创新的组合策略

单一的知识产权保护方式不足以最大限度地促进中药创新,如专利制度的新颖性要素对中药来说过于严格、中药品种保护主要用来保护已有的中药技术而不是中药创新、商业秘密保护相对于专利保护在促进创新和对持有主体的保护方面均存在不足等,因此在上述专门针对单一知识产权保护方式的具体措施的基础上,还需采取综合考虑不同保护方式的促进中药创新的组合策略。

(一)以专利保护为主,淡化中药品种保护的作用

某种程度上来讲,中药品种保护代表了中药同现代知识产权保护体系尤其是专利制度不兼容的传统知识属性,而专利保护则代表着中药现代化发展的方向。中药的根属于传统知识,但是其未来是中药现代化。中药只有在现代化的基础上才能拥有可持续发展的良好未来。因此在中药发展的初级阶段,需要类似于中药品种保护的量身定做的制度以适应其传统知识的属性,使其在与其他现代化产业的竞争中能获得相应的保护和成长的空间。然而,在中药现代化的过程中,要想使其具有相应的市场竞争和可持续发展的能力,就必须逐渐减少对中药的特别保护,而代之以现代产业通行的专利制度以激励中药的创新和发展。因此虽然目前我国中药保护的主要方式是中药品种保护,但这种保护应当随着中药产业的发展而逐渐淡出,最终形成以专利保护为主的促进中药创新的知识产权保护模式。

(二)充分发挥商业秘密保护的作用

商业秘密保护目前在中药保护领域起到的作用虽然不及中药品种权保护,但远远超过中药专利保护。考虑到商业秘密保护在中药保护领域可能起到的特殊作用,尤其是在相应中药发明为无法专利或者不能专利的情况下,其能够为相应中药发明提供有效保护,从而在很大程度上对专利制度起到有益的补充作用。因此,虽然促进中药创新的组合策略中专利保护处于毫无疑问的主要地位,但仍然应当充分发挥商业秘密保护的作用,同专利制度相配合,最大限度地促进中药的创新和发展。

第二节 促进中药产业品牌战略的具体对策

对于一般产业来说,品牌战略的核心和主要内容均围绕着其所具有的商标展开,围绕着相应产品的商标采取一系列的广告宣传行为,树立该产品的良好形象。中药产业的品牌战略同样是以中药的商标为核心展开,但其与普通产业相比,不仅是依托商标展开,由于其悠久的历史传承,地理标志和非物质文化遗产保护也经常成为中药产业品牌战略的重要内容。以下即以商标权、地理标志以及非物质文化遗产保护 3 者为依托,对促进中药产业品牌战略的具体对策进行论述。

一、中药商标权保护的具体对策

商标权保护作为中药品牌战略的核心,其在中药产业的发展过程中做出了巨大的贡献。然而,中药商标权保护在促进中药产业品牌战略方面,仍然存在很多有待加强的地方。[①]

(一)以创新和质量作为商标宣传的核心

商标的作用是用来区分相应的商品和服务的来源,中药商标的作用是用来区分中药的生产厂家。正如商标权保护的经济分析中所讲到的,名牌产品的商标之所以具有巨大的价值,是因为其拥有大量的消费者,这些消费者可以通过名牌商标的存在节省巨额的检索费用。而其之所以拥有大量的消费者,根本原因是该名牌产品的经营者提供的优良的产品和服务。因此商标本身是没有任何价值的,其价值必须附着在优良的产品和服务之上。中药商标权保护要产生更大的价值,就必须以创新和质量作为商标宣传的核心。没有创新和质量为基础,单纯的商标广告的作用是非常有限的。

(二)重视老字号商标保护的作用

中药产业同其他现代产业最大的不同是其源远流长的历史,体现在商标上则是由此形成的一系列老字号。中药老字号同普通商标最大的不同是其所代表的相应的富有自身特色的世代传承的加工工艺与相应的管理所形成的优良的产品和文化。中药老字号商标因为长久经营形成了良好的声誉,因此拥有大量的消费者。这些消费者购买的不仅是中药老字号产品本身,更包括其所代表的优良的质量和传统。重视老字号商标保护对促进中药产业的发展有着特殊重要的作用,同时也应当明白中药老字号商标的价值来源同其他商标并没有本质的不同,都是其所代表的优良的质量保证。因此重视中药老字号商标保护,保护的不应仅仅是老字号本身,最关键的是保护与中药老字号相对应的产品的质量和文化。

(三)注意与外包装相结合的整体品牌形象

中药企业在进行品牌设计时,一般都将重点放在商标本身的设计上,往往不注意商标与外包装相结合的整体设计,从而造成相同品种中药外包装的惊人相似。如市场上销量很大的“复方丹参丸”,全国有几十家中药企业同时生产,其外包装图案大多数都是千篇一律的中药丹参的图像,再加上“复方丹参丸”几个

---

① 参见本书第六章:中药商标权保护的经济学分析。

字。如果不仔细分辨其商标,很难看出具体是哪家企业生产的。这种外包装的雷同极大损害了商标区分产品来源的作用,多数消费者由此根本不区分到底是哪家厂生产的,只是根据价格进行简单比较即做出购买的选择。因此中药企业需要更加注意与外包装相结合的整体品牌形象设计,在更方便消费者区分和检索的情况下,进一步增强相应中药产品的市场竞争力。

二、中药地理标志保护的具体对策

中药地理标志保护存在的主要问题包括受保护的中药地理标志过少、质量参差不齐以及国际化程度不够等。[①] 针对这些问题采取的具体对策包括以下方面。

(一)加大中药地理标志保护的宣传

受保护的中药地理标志过少的最关键原因是很多中药企业以及地方政府没有形成正确的地理标志保护意识,对其背后潜在的品牌宣传价值缺乏足够的认识。首先,很多中药企业根本不知道地理标志保护包括哪些种类,更不用说申请地理标志保护的具体流程。其次,很多中药企业不明白地理标志保护同商标权保护之间的区别,认为申请了商标保护即能解决问题,没必要申请地理标志保护。如广州市沙溪出产的"沙溪凉茶",就只申请了商标保护而没申请地理标志保护。要使中药企业以及地方政府真正认识到地理标志保护的价值,从而积极加入到中药地理标志保护的行列,就必须由相关行政管理机关以及中药行业协会加大中药地理标志保护的宣传,以使符合条件的中药地理标志尽可能受到相应的保护。

(二)加大中药地理标志保护产品的质量监管

针对某些中药企业滥用中药地理标志、生产质次价高的中药产品的情况,必须加大中药地理标志保护产品的质量监管。这种监管应当包括3方面:一是授权使用相应中药地理标志机构的监管;二是地方政府的监管;三是地方行业协会的监管。通过地理标志管理机构、地方政府以及地方行业协会3方面的协调,对使用相应地理标志的中药企业进行定期和不定期的抽检,并接受消费者的举报,对于生产的中药产品质量不符合相应地理标志产品标准的企业,责令其整改,在整改期间不允许继续使用相应地理标志。整改完成后经验收合格才能继续使用,验收不合格则取消其使用该地理标志的资格。

---

① 参见本书第七章:中药地理标志保护的经济学分析。

(三)加大中药地理标志保护的国际协调

中药地理标志保护的国际化程度不足,会在很大程度上损害中药的国际化发展。有必要效仿法国保护其农产品尤其是葡萄酒如"香槟"的地理标志保护的相关做法,充分利用世界贸易组织的贸易谈判平台、双边合作以及多边协调等方式,利用国家的力量推动中药地理标志保护的国际化,尤其应当注重推广"中药"本身作为地理标志保护对象的国际协调。通过加大中药地理标志保护的国际协调,为中药更好地走向国际市场保驾护航。

三、中药非物质文化遗产保护的具体对策

非物质文化遗产保护是中药作为传统知识所具有的特有保护形式。中药非物质文化遗产保护存在的主要问题是相关中药企业的非物质文化遗产保护的意识不足,以及由此造成的投入不足和广告效应未能有效发挥等。[①] 解决这些问题的具体对策包括以下方面。

(一)加大中药非物质文化遗产保护的宣传和教育

非物质文化遗产保护虽然日益得到国家和公众的重视,但作为传统医药的中药非物质文化遗产保护却没有得到人们的足够重视。被列入各级非物质文化遗产名录的传统医药类的中药数量同其他类别相比往往很少,很多时候干脆完全没有。虽然由于中药强大的生命力其整体上依然处于欣欣向荣的状态,大多都不符合非物质文化遗产为濒危的文化遗产的要求。但中药作为中国传统文化的主要组成部分,其需要保护的濒危的文化在绝对数量上依然很大,意味着大多数需要保护的中药非物质文化遗产没有被列入各级名录之中。这与各级政府和中药企业对中药非物质文化遗产保护的意识不足有关。因此负责各级非物质文化遗产保护的行政机关以及中药行业协会等,应当针对相关人员和企业加大中药非物质文化遗产保护的宣传和教育,使其认识到中药非物质文化遗产保护的重要意义,从而采取相应措施使更多符合条件的中药纳入各级非物质文化遗产名录之中。

(二)加大中药非物质文化遗产保护的投入

中药非物质文化遗产保护意识不足的直接后果是各级非物质文化遗产名录上寥寥无几的中药项目。要改变这种局面,就必须加大中药非物质文化遗产保护的投入。各级政府和中药企业应当积极调查相关的中药文化,将符合条件的

---

① 参见本书第九章:中药非物质文化遗产保护的经济学分析。

中药非物质文化遗产列入各级名录之中。具体保护的投入资金由政府和企业根据具体情况进行分配。只有加大中药非物质文化遗产保护的投入,将更多符合条件的中药列入各级非物质文化遗产名录之中,才能真正发挥中药非物质文化遗产保护对相关中药的广告效应,促进中药产业的发展。

(三)将中药非物质文化遗产保护纳入企业整体品牌战略

中药非物质文化遗产保护的广告效应,只有与中药企业的整体品牌战略相结合才能得到充分的发挥。对于普通公众来说,虽然政府会定期公布相应的各级非物质文化遗产名录,但很少人会专门对这些信息进行跟踪和关注,非物质文化遗产名录本身的广告效应并不是很大。因此相关中药企业必须将中药非物质文化遗产保护纳入企业整体品牌战略,通过各种途径宣传其所持有的某一中药品种被纳入非物质文化遗产名录的事实,并在相关宣传资料尤其是产品的外包装上将这一事实重点注明,使其变成企业品牌形象的重点组成部分,才能使非物质文化遗产名录的广告效应得到充分发挥,进一步提升企业的品牌形象。

四、促进中药产业品牌战略的组合策略

对于中药产品品牌战略来说,虽然具备提升其品牌形象的知识产权保护类型包含了商标权、地理标志以及非物质文化遗产保护 3 种类型,但要最大限度地起到促进企业品牌战略的作用,必须为其制定适当的组合策略。

(一)以中药商标权保护为核心

企业品牌形象是围绕着企业商标展开的,中药企业品牌战略虽然包括了地理标志和非物质文化遗产保护两种重要的方式,但依然必须以中药商标权保护为核心。首先,中药品牌形象同其他产业一样,其外在品牌还是相应的注册商标。其次,中药商标权保护中的老字号保护和地理商标保护在某种程度上即具备非物质文化遗产保护和地理标志保护的某些内容,尤其是地理商标保护本身即为地理标志保护的主要方式之一。最后,无论是中药地理标志还是非物质文化遗产保护可能产生的广告效应,都必须附着在相应产品的商标上才能起到相应的促进作用。因此中药产业品牌战略必须以中药商标权保护为核心,这是提升其品牌形象的基础和前提。

(二)充分发挥地理标志和非物质文化遗产保护的作用

中药作为传统文化的主要组成部分,其往往具有独特的地域性和历史传承,地理标志和非物质文化遗产保护则分别对应着中药的地域性和历史传承这两部分内容。对于中药的现代化发展来说,其地域性和历史传承性能够非常有力地

证明相应中药的优良品质保证,从而起到很好的提升相应中药及相关企业声誉的作用。与相关中药的商标权保护相结合,充分发挥地理标志和非物质文化遗产保护的广告效应,可以更好地提升相应企业的品牌形象,提高市场竞争力。

(三)与其他知识产权保护类型紧密结合

企业良好品牌形象树立的根本依然是其所提供的优良的产品和服务。地理标志和非物质文化遗产保护之所以能起到提升企业品牌形象的作用,是因为地理标志和非物质文化遗产名录所代表的相关中药的优良品质。事实上,能够起到证明相关中药优良质量的知识产权保护体系并不仅仅限于地理标志和非物质文化遗产保护,专利权和中药品种保护在一定程度上也能起到这种作用。中药专利权的拥有意味着相应企业良好的研发创新能力,而中药品种保护的取得则说明该企业的质量保证能力得到了相关行政机关的认可。正如对中药专利保护的经济学分析所提到的,对于不可替代性很差的中药专利来说,其广告效应的收益可能远远超过专利权对市场的垄断产生的收益。因此在制定企业整体品牌战略时,还必须同中药专利以及中药品种保护等其他知识产权保护类型紧密结合,充分发挥各自对企业品牌的提升作用。

第三节　广州市中药产业知识产权保护的具体对策

通过之前的分析可知,以广药集团为主的广州市中药产业知识产权保护存在诸多问题。一方面,在促进创新的知识产权保护类型中,中药专利保护的数量少、质量低,主要以中药品种保护对相关中药产品实施保护,在技术创新方面缺乏突破性的重大创新和持续发展的能力。另一方面,在促进企业品牌战略的知识产权保护类型中,商标权保护居于绝对主导的地位,并且取得了巨大的成功,形成了多层次多系列的商标系列,但缺少地理标志保护,非物质文化遗产保护虽然具有一定地位,其潜力远远没有得到发挥。以下即针对广州市中药产业知识产权保护存在的这些问题,提出具体的对策建议。

一、促进广州市中药产业创新的建议

中药品种保护仅仅针对已经存在的中药产品,同中药创新之间没有任何直接的联系。要改变广州市中药产业创新能力不足的问题,就必须解决目前以广药集团为主的广州市中药产业对中药品种保护的过度依赖,大力提高中药专利的数量和质量,最终实现中药专利保护对中药品种保护的成功替代,建立以中药

专利保护为主的中药产业创新的良性激励机制。要达到这一目标,可以采取以下两方面措施。

(一)集中研发力量进行中药某一方面的关键性突破

广州市中药产业相对于其他地方来说,其最大的优势是绝大多数中药企业都集中在广药集团旗下,从而有利于其集中足够的资源进行某一方面的重大投入。因为解决广州市中药产业创新能力不足的关键是大幅度提高中药专利的数量和质量,尤其是质量。在目前中药创新研发的基础力量薄弱的情况下,广药集团有必要充分发挥其规模巨大的优势,集中大部分的研发力量进行中药某一方面的关键性突破,并以此为基础,形成相应的高质量的中药专利群,在尽快形成相应的市场规模的情况下,对后续创新形成有效的激励,从而进入依靠专利保护持续创新的良性循环。

(二)充分利用广州市高校的科研优势

广药集团在进行中药研发的过程中,还应充分利用广州市众多拥有较强中药研发能力高校的科研优势。广州市中药专利申请的持有主体比例最大的是各大高校而不是广药集团,这不仅反映了广州市高校在中药研发方面拥有相应的优势,也说明了中药专利产研脱节的现状。因此广药集团应当充分利用广州市高校的科研优势,在市场调研的基础上同相关高校充分合作,由广药集团向合作高校提供研发资金和项目,并负责相应研发成果的市场转化。在此基础上逐渐形成相应的市场前景良好的中药专利群,以逐步取代中药品种保护的主导作用。

二、促进广州市中药品牌战略的建议

从广药集团的中药品牌战略来看,其基本上采取的是比较单纯的商标宣传战略。这一战略在过去的几十年里为广药集团的品牌宣传带来了巨大的成功,但随着市场竞争的激烈,这种忽视地理标志和非物质文化遗产保护的中药品牌战略必然面临着很大的挑战。为了保证广州市中药品牌形象的持续提升,建议其采取以下具体策略。

(一)将地理标志保护纳入整体品牌战略

对于拥有悠久发展历史的广州市中药产业来说,很多具有地域特色和传统的中药并没有申请相应的地理标志保护。典型的如广州市的沙溪凉茶以及广药集团名下的商标白云山,虽然都已经成为广药集团旗下的著名商标,白云山甚至是中国驰名商标,但是其地理标志保护的价值并没有被其拥有者广药集团所重视。到目前为止,广州市中药产业并没有申请任何地理标志保护,从而使其具有的相应价值完全得不到利用。因此在广州市中药产业的整体品牌战略中，必须将地理标志保护作为其中的重要组成部分。尤其是某些已经成为著名商标的品牌，如上述的沙溪凉茶、白云山等，更是有必要将其进一步申请地理标志保护，以最大限度地发挥其对品牌形象的提升作用。

（二）充分利用已有的非物质文化遗产资源

对于在非物质文化遗产名录上出现频率不高的传统医药来说，广药集团拥有6种中药被纳入国家级非物质文化遗产名录，在某种意义上来讲其非物质文化遗产的资源是比较丰富的。但是目前这些非物质文化遗产名录的广告效应几乎完全没有得到发挥。由于非物质文化遗产名录在公众中的权威性以及在文化上的巨大影响力，建议广药集团在宣传相应的中药品牌时，将其被纳入非物质文化遗产名录的身份作为必备要素，充分利用广告效应，提升企业的品牌形象和竞争力。

（三）结合专利和中药品种保护提升产品形象

中药专利和中药品种保护不仅代表着其具有受相关法律保护的权利，同时也是其研发能力和质量控制能力得到相关行政部门承认的证明。因此在对企业品牌进行宣传时，有必要结合其具有的专利或中药品种保护权利进行。如广药集团在宣传“复方丹参丸”时，将所获得的系列专利的事实公之于众，就起到了很好的广告效果。然而在其他的中药品种的广告宣传中，却很少看到其拥有专利或中药品种保护的内容。尤其是中药品种保护，广药集团大多数的中药产品都获得了中药品种保护，但在相关的广告宣传中完全没有任何介绍。因此有必要充分利用专利和中药品种保护的广告效应，将其纳入相应的品牌战略中，进一步提升相应的产品形象。

本章小结

中药的传统知识和现代产业的双重属性，使其知识产权保护呈现出不同于普通产业的鲜明特征。中药的现代产业属性使其必须得到一定程度的保护才能顺利发展，而中药的传统知识属性则使其很难得到现代知识产权保护的足够保护。为了适应中药这种双重属性造成的问题，现代社会为其设计了一整套不同于普通产业的知识产权保护体系，不仅包括了现代知识产权保护中最普通的专利权、商标权保护，还包括专门为中药的传统知识属性量身定做的中药品种和非物质文化遗产保护,以及介于两者之间的地理标志和商业秘密保护等。

总体上来讲,中药知识产权保护的上述 6 种类型在中药产业的发展分别起到了促进企业创新以及促进企业品牌战略的作用。前者主要包括专利权、中药品种、商业秘密保护等,后者主要包括中药商标权、地理标志、非物质文化遗产保护等。针对之前的经济学分析中发现的问题,有必要对中药知识产权保护采取相应的对策,以更好地促进中药的可持续发展。具体来讲,在促进中药创新方面,需要逐步减少对中药品种保护的过度依赖,通过加大对中药研发的投入,提高中药专利的质量和数量,使其逐渐替代中药品种保护成为促进中药创新的主力,同时结合商业秘密保护的作用,使中药在创新方面逐步完成其现代化过程,达到持续发展的目的。在促进品牌战略方面,则需要继续坚持将创新和质量作为商标战略的核心,并在此基础上注重老字号商标的作用,同时将地理标志保护和非物质文化遗产保护纳入整体品牌战略之中,并结合专利和中药品种保护的广告效应,尽可能提升中药产品形象,提高中药产业的整体竞争力。

作为全国重要中药产业基地的广州市,其中药产业需要采取的策略与全国基本相同。其具有的主要特点有:一是在促进创新策略方面,广州市各大高校具有雄厚的研发实力,但同中药产业缺乏紧密的结合,广药集团需要更加注重同这些高校在研发方面的合作;二是在促进品牌战略方面,广州市的商标战略非常成功,但在地理标志保护方面却是完全空白,非物质文化遗产保护也没有得到有效利用,广药集团应当将地理标志保护和非物质文化遗产纳入未来的整体品牌战略中。

结　　论

中药有着悠久的发展历史，属于中华民族优良文化传统的主要组成成分，而且中药产业作为中国医药行业的组成部分之一，同西药相比有着价格低廉、副作用小等不可替代的优势，为保证人民的健康和国民经济的发展做出了重大的贡献，属于现代产业的有机组成部分。正是因为中药的传统知识和现代产业的双重属性，使其知识产权保护呈现出不同于普通产业的鲜明特征。这种双重属性使中药不仅受到为现代产业发展设计的现代知识产权体系的保护，如专利权、商标权的保护，而且又得到专门为传统知识保护设计的特别制度保护，如中药品种、非物质文化遗产保护。然而，这种保护的多样性并不意味着中药能得到比普通产业更好的知识产权保护。一方面，由于其传统知识属性，同现代知识产权保护体系存在天然的不兼容特征，尤其是专利权保护，由于其新颖性要素同中药的世代相传特征直接相悖，很难对中药提供足够的保护。另一方面，由于中药的现代产业属性，为了保证中药的市场竞争力，必须对其提供相应的知识产权保护。正是因为中药知识产权保护体系中这种矛盾的存在，必须通过对中药知识产权保护的不同形式进行具体的经济学分析，从不同中药知识产权保护形式对社会以及中药产业本身的具体经济影响中，寻找其中存在的问题以及解决这些问题的方法。通过本书对专利权、中药品种、商标权、地理标志、商业秘密以及非物质文化遗产保护的详细经济分析，可以得出以下结论。

首先，中药发展的前途在于其现代产业的属性，中药知识产权保护体系从长远发展来讲，应当以现代知识产权保护体系为主，而不是为中药特别设计的保护制度。从之前的经济学分析中可以看出，针对中药的传统知识属性设计的特别保护措施，如中药品种保护和非物质文化遗产保护等，其更大程度上考虑的是保护中药的存在或维持现有的市场地位，对未来的创新和发展或者有着非常大的负面影响如中药品种保护，或者关系甚微如非物质文化遗产保护。而现代知识产权保护体系如专利权保护，虽然目前对中药的发展作用不大，但随着中药的现代化进程，其发展壮大必须更多地依靠专利权保护下的创新激励。因此在中药知识产权保护体系的整体设计中，必须淡化诸如中药品种保护等特别保护制度，将中药逐渐纳入现代产业的普通知识产权保护体系之中。这是本书的主要论点和最根本的结论。

其次，中药的传统知识属性对其作为现代产业的发展有着重要的经济意义。一般来说，人们更多关注中药的传统知识属性同现代知识产权体系的不兼容，从而对其现代化发展产生的负面影响。然而，通过相应的经济学分析，可以发现中药的传统知识属性同样能对中药作为现代产业的发展起到重要的促进作用，其悠久的发展历史证明了中药的有效性和可靠性，从而对中药产业产生巨大的广告效应，促进其市场竞争力的提升。因此对于中药的知识产权保护来说，应当非常注意与其传统知识属性相联系的知识产权保护方式可能起到的提高其声誉的作用，如老字号商标、地理标志保护、非物质文化遗产保护等都是中药非常宝贵的战略资源，应当尽可能对其加以利用，通过其产生的经济效益促进中药产业的发展。

再次，应当充分注意促进创新的中药知识产权保护制度对中药品牌形象的提升作用。中药的品牌形象提升依靠的不仅仅是其对商标的广告宣传，还必须最终依附在其提供的优质产品和服务之上。因此凡是能够证明中药质量优良的知识产权保护形式，均能对其品牌形象起到重要的提升作用。如老字号商标、地理标志保护以及非物质文化遗产保护等之所以具有很好的广告效应，即由于相关中药特有的文化传统和地域性对其效果和质量起到的保证作用。而根据相应的经济学分析可知，中药专利乃至中药品种保护同样具有通过相应的认证机构证明其技术和质量能力的效果，在企业品牌战略中充分注意促进创新的中药知识产权制度对中药品牌形象的创新作用，可以有效促进企业经济效益的提高。

从以上结论中可以看出，中药具有的传统知识和现代产业的双重属性，使中药知识产权具备了较普通产业更多的保护方式，并且由于这两种属性之间的冲突，为中药知识产权保护带来了一系列问题。然而，只要认清中药作为现代产业这一主要属性，并以中药的现代化发展作为根本标准制定相应对策，即能在理顺这种双重属性冲突矛盾的基础上，使各种具体的中药知识产权保护制度互相配合，最大限度地促进中药产业增加社会总体福利，实现可持续发展目标的顺利实现。

参考文献

[1] 兰德斯,波斯纳. 知识产权法的经济结构[M]. 金海军,译. 北京:北京大学出版社,2005.

[2] 马歇尔. 经济学原理(经典通读)[M]. 朱攀峰,译. 北京:北京出版社,2007.

[3] 庇古. 福利经济学[M]. 金镝,译. 北京:华夏出版社,2007.

[4] 波斯纳. 法律的经济分析(上下册)[M]. 蒋兆康,译. 北京:中国大百科全书出版社,1997.

[5] 弗里德曼. 经济学语境下的法律规则[M]. 杨欣欣,译. 北京:法律出版社,2004.

[6] 克劳德. 制度、契约与组织[M]. 刘刚,译. 北京:经济科学出版社,2003.

[7] 桑斯坦. 行为法律经济学[M]. 涂永前,成凡,康娜,译. 北京:北京大学出版社,2006.

[8] 考特,尤伦. 法和经济学[M]. 5 版. 史晋川,董雪兵,译. 上海:格致出版社,2010.

[9] 凯莉. 西方法律思想简史[M]. 王笑红,译. 北京:法律出版社,2002.

[10] 庞德. 法律的任务:通过法律的社会控制[M]. 沈宗灵,董世忠,译. 北京:商务印书馆,1984.

[11] 韦伯. 新教伦理与资本主义精神[M]. 于晓,陈维纲,译. 北京:生活·读书·新知三联书店,1987.

[12] 凯尔森. 法与国家的一般理论[M]. 沈宗灵,译. 北京:中国大百科全书出版社,1996.

[13] 凯尔森. 纯粹法理论[M]. 张书友,译. 北京:中国法制出版社,2008.

[14] 德沃金. 法律帝国[M]. 李常青,译. 北京:中国大百科全书出版社,1996.

[15] 哈贝马斯. 在事实与规范之间[M]. 童世骏,译. 北京:生活·读书·新知三联书店,2003.

[16] 罗尔斯. 正义论[M]. 何怀宏,译. 北京:中国社会科学出版社,1988.

[17] 贝克尔. 人类行为的经济学分析[M]. 王业宇,陈琪,译. 上海:上海三联

书店,上海人民出版社,1995.
[18] 斯蒂格利茨.经济学[M].姚开建,刘凤良,吴汉洪,等译.北京:中国人民大学出版社,1997.
[19] 弗鲁博顿,芮切特.新制度经济学——一个交易费用分析范式[M].姜建强,罗长远,译.上海:生活·读书·新知三联书店,上海人民出版社,2006.
[20] 巴泽尔.产权的经济学分析[M].费方域,段毅才,译.上海:生活·读书·新知三联书店,上海人民出版社,1994.
[21] 威特曼.法律经济学文献精选[M].苏力,译.北京:法律出版社,2006.
[22] 马洛伊.法律和市场经济——法律经济学价值的重新诠释[M].钱弘道,朱素梅,译.北京:法律出版社,2006.
[23] 麦考罗.经济学与法律——从波斯纳到后现代主义[M].吴晓露,潘晓松,朱慧,译.北京:法律出版社,2005.
[24] 兰德斯,波斯纳.侵权法的经济结构[M].王强,杨媛,译.北京:北京大学出版社,1998.
[25] 埃格特森.经济行为与制度[M].吴经邦,译.北京:商务印书馆,2004.
[26] 曼昆.经济学原理(上下册)[M].3版.梁小民,译.北京:机械工业出版社,2003.
[27] 严永和.论传统知识的知识产权保护[M].北京:法律出版社,2006.
[28] 肖诗鹰,刘铜华.中药知识产权保护[M].2版.北京:中国医药科技出版社,2008.
[29] 史晋川.法经济学[M].北京:北京大学出版社,2007.
[30] 魏建,周林彬.法经济学[M].北京:中国人民大学出版社,2008.
[31] 张乃根.法经济学——经济学视野里的法律现象[M].北京:中国政法大学出版社,2003.
[32] 高德步.产权与增长:论法律制度的效率[M].北京:中国人民大学出版社,1999.
[33] 钱弘道.经济学分析法学[M].北京:法律出版社,2003.
[34] 方福前.福利经济学[M].北京:人民出版社,1994.
[35] 孙惟微.赌客信条——你不可不知的行为经济学[M].北京:电子工业出版社,2010.
[36] 林立.波斯纳与法律经济学分析[M].上海:生活·读书·新知三联书店,2005.
[37] 高德步.产权与增长:论法律制度的效率[M].北京:中国人民大学出版社,1999.

[38] 周林彬. 法律经济学论纲[M]. 北京:北京大学出版社,1998.
[39] 朱成全. 经济学方法论[M]. 大连:东北财经大学出版社,2003.
[40] 罗必良. 新制度经济学[M]. 太原:山西经济出版社,2005.
[41] 冯玉军. 中国法经济学应用研究[M]. 北京:法律出版社,2006.
[42] 陆冠儒. 广州市中药企业专利保护现状与对策研究[D]. 广州:广州中医药大学,2014.
[43] 李先元. 我国中药知识产权保护制度的研究[D]. 沈阳:沈阳药科大学,2008.
[44] 刘婵. 制药企业的知识产权运用行为与政府政策分析[D]. 长春:东北财经大学,2014.
[45] 李阁霞. 论商标与商誉[D]. 北京:中国社会科学院研究生院,2013.
[46] 郭之祥. 商标与企业竞争行为[D]. 济南:山东大学,2009.
[47] 汤小夫. 商标法上混淆可能性比较研究[D]. 北京:对外经济贸易大学,2012.
[48] 余俊. 商标法的起源与发展[D]. 北京:中国人民大学,2009.
[49] 岳鸿缘. 中药地理标志保护研究[D]. 长春:吉林大学,2011.
[50] 冯寿波. 论地理标志的国际保护——以 TRIPS 协议为视角[D]. 上海:华东政法学院,2007.
[51] 曹琳. 地理标志产品的品牌化机制与策略研究[D]. 济南:山东大学,2012.
[52] 唐蕾. 论我国中药研究开发中的商业秘密保护[D]. 广州:中山大学,2009.
[53] 冯辽沙. 从广州市文化产业发展看非物质文化遗产保护和发展管理模式[D]. 西安:西北大学,2008.
[54] 窦晓彤. 非物质文化遗产生产性保护与产业升级——以广东地区项目为例[D]. 广州:中山大学,2010.
[55] 张志友. 中医药非物质文化遗产法律保护——以贵州少数民族地区苗药为例[D]. 贵阳:贵州大学,2010.
[56] 孙嫦娥. 天津非物质文化遗产知识产权保护探究——成本收益视角[D]. 天津:天津工业大学,2012.
[57] 魏恒. 药品产业化背景下的中药商业秘密冲突研究[D]. 烟台:烟台大学,2013.
[58] 杨永苹. 我国传统医药知识产权保护的若干问题探讨[D]. 北京:中央民族大学,2007.
[59] 王杨杨. 中药的专利和商业秘密联合保护[D]. 烟台:烟台大学,2013.
[60] 张冬. 传统知识保护立法取向刍议——以中药国际化为例[J]. 知识产权,2011(4):75-78.

[61] 崔国斌. 传统知识保护的困境[J]. 专利法研究,2002(12):226-251.
[62] 喻小勇,田侃,贺云龙. 中医药传统知识之经方法律保护刍议[J]. 世界中医药,2013,8(4):382-385.
[63] 杜瑞芳. 现有中药知识产权保护体系的问题与对策[J]. 社会科学家,2003(6):54-56.
[64] 罗爱静,罗京亚,谢文照. 基于加权求和法的我国中药知识产权现状分析[J]. 中草药,2015,46(9):1405-1409.
[65] 周方. 中医药传统知识保护的法律制度构建[J]. 西安交通大学学报(社会科学版),2009,28(4):92-96.
[66] 刘华. 专利制度与经济增长:理论与现实——对中国专利制度运行绩效的评估[J]. 中国软科学,2002(10):26-30.
[67] 史怡然,赵静,王一涛,等. 中药专利保护的难点分析及建议[J]. 中国现代中药,2005(4):37-40.
[68] 杨莉,李野. 关于中药专利保护特殊规则的探讨[J]. 中国药房,2006(10):728-730.
[69] 华鹰. 中药标准化和中药专利保护与中药现代化[J]. 中国科技论坛,2006(6):61-65.
[70] 马一德. 以创新为动力谋求知识产权产业化发展[J]. 人民论坛,2015(6):76-78.
[71] 沈瑜. 对我国中药品种保护现行制度的思考[J]. 中国药科大学学报,2011(2):189-192.
[72] 郝明虹. 换一个视角看中药品种保护[J]. 中国中医药信息杂志,2008,15(2):4-6.
[73] 汤瑞瑞,卞鹰,王一涛.《中药品种保护条例》和专利对中药保护的关系探讨[J]. 时珍国医国药,2009,20(5):1291-1293.
[74] 张艳艳,罗爱静. 我国中药商标保护的现状调查与对策研究[J]. 中医药管理杂志,2008,16(12):910-912.
[75] 王恕,杨文展,孙利华. 加入世界贸易组织与中药商标保护的思考[J]. 中国药房,2001,12(3):140-142.
[76] 胡愈. 中药的商标保护问题浅析[J]. 中国药师,2009,11(11):1366-1367.
[77] 张清奎. 传统知识、民间文艺及遗传资源保护模式初探[J]. 知识产权,2006,16(2):3-9.
[78] 郑婧,周应堂."中华老字号"企业的转型升级研究[J]. 生产力研究,2014(10):92-96.
[79] 王方明,廖雪华. 论中华老字号的文化传承与创新[J]. 湖北社会科学,

2012(3):85-86.
[80] 傅刚. 中药商标保护浅论[J]. 知识产权, 2002(3):4-6.
[81] 张雪梅, 李祖伦. 道地药材的地理标志保护[J]. 时珍国医国药, 2007, 18(9):2311-2312.
[82] 张玉敏. 我国地理标志法律保护的制度选择[J]. 知识产权, 2005, 15(1):14-18.
[83] 郭斯伦, 马韶青. 我国道地药材地理标志保护制度的不足与完善[J]. 国际中医中药杂志, 2015, 37(10):869-872.
[84] 王志本. 我国传统名特优农产品的地理标志保护[J]. 农业经济问题, 2005(4):54-57.
[85] 陈贤春, 官坤祥. "道地药材"的知识产权保护[J]. 中医药信息, 2003, 20(6):64-65.
[86] 张建平, 周宇升. 从"浙八味"谈道地药材的地理标志保护问题[J]. 中国药房, 2008, 19(24):1914-1916.
[87] 黄礼彬. 试论强化我国地理标志的法律保护——以法国香槟酒行业委员会与商标评审委员会商标争议纠纷为引[J]. 价值工程, 2014(16):294-296.
[88] 王笑冰, 林秀芹. 中国与欧盟地理标志保护比较研究——以中欧地理标志合作协定谈判为视角[J]. 厦门大学学报(哲学社会科学版), 2012(3):125-132.
[89] 陈朝晖. 论将"中医""中药"申请为地理标志加以保护的可行性[J]. 中国医药技术经济与管理, 2009(7):36-41.
[90] 冯国忠, 罗赛男. 从日本汉方药的成功看我国中药产业的发展[J]. 中国药房, 2006(20):1526-1528.
[91] 丁晓明, 潘勤, 孙琳,等. 中药企业的商业秘密保护研究[J]. 齐鲁药事, 2012(5):303-304.
[92] 张向群. 浅谈商业秘密的法律保护问题[J]. 当代法学, 2003(1):128-129.
[93] 程啸. 知识产权法若干基本问题之反思[J]. 中国人民大学学报, 2001, 15(1):75-81.
[94] 余美琼. 云南白药的现代药理作用及其临床新用途[J]. 中国民族民间医药, 2009, 4(9):27-28.
[95] 金泉源, 黄泰康. 中药现代化进程中知识产权问题的研究[J]. 中草药, 2006, 37(9):480-473.
[96] 岳晨妍, 李野, 杨莉. 中药专利保护与商业秘密保护策略[J]. 医药导

报，2007，26(9)：1106-1107.

[97] 贺学君. 关于非物质文化遗产保护的理论思考[J]. 江西社会科学，2005(2)：103-109.

[98] 余悦. 非物质文化遗产研究的十年回顾与理性思考[J]. 江西社会科学，2010(9)：113-115.

[99] 支果. 论非物质文化遗产的知识产权保护——以盐文化相关的非物质文化遗产为例[J]. 广西社会科学，2014(7)：180-183.

[100] 姚磊. 非物质文化遗产研究述评[J]. 广西社会科学，2013(10)：54-59.

[101] 费安玲. 非物质文化遗产法律保护的基本思考[J]. 江西社会科学，2006(5)：12-16.

[102] 王隽，张艳国. 论地方政府在非物质文化遗产保护利用中的角色定位——以江西省域为个案的分析[J]. 江汉论坛，2013(10)：115-121.

[103] RICHARD A P. Economic analysis of law[M]. 8th Edition. New York：Aspen Publishers，2010.

[104] COASE R H. The institutional structure of production[J]. Nobel Prize in Economics Documents，1991，82(4)：10.

[105] COASE R H. The firm，the market，and the law [M]. Chicago：University of Chicago Press，1988.

[106] STEVEN S. Foundation of economic analysis of law[M]. Harvard：Harvard University Press，2004.

[107] COASE R H. The problem of social cost[J]. American Journal of Economics and Sociology，2006，26(4)：399-416.

[108] THOMAS J M. The economic approach to law[M]. Stanford：Stanford University Press，2004.

[109] GINSBURG T. Does law matter for economic development? evidence from East Asia[J]. Law and Society Review，2000，34(3)：829-856.